"中国式现代化的故事"丛书

张占斌 总主编

中共海南省委党校（海南省行政学院 海南省社会主义学院）组编

潮起海之南

中国式现代化的海南故事

中央党校出版社集团
国家行政学院出版社

图书在版编目（CIP）数据

潮起海之南：中国式现代化的海南故事/中共海南省委党校（海南省行政学院 海南省社会主义学院）组编.--北京：国家行政学院出版社，2025.3.--（"中国式现代化的故事"丛书/张占斌主编）.-- ISBN 978-7-5150-3030-2

Ⅰ. D676.6

中国国家版本馆CIP数据核字第202551ZX21号

书　　名	潮起海之南——中国式现代化的海南故事
	CHAO QI HAI ZHI NAN——ZHONGGUOSHI XIANDAIHUA DE HAINAN GUSHI
作　　者	中共海南省委党校（海南省行政学院　海南省社会主义学院）　组编
统筹策划	胡　敏　刘韫劼　王　莹
责任编辑	王　莹　马文涛　田玫瑰
责任校对	许海利
责任印刷	吴　霞
出版发行	国家行政学院出版社
	（北京市海淀区长春桥路6号　100089）
综 合 办	（010）68928887
发 行 部	（010）68928866
经　　销	新华书店
印　　刷	北京新视觉印刷有限公司
版　　次	2025年3月北京第1版
印　　次	2025年3月北京第1次印刷
开　　本	170毫米×240毫米　16开
印　　张	13.5
字　　数	187千字
定　　价	68.00元

本书如有印装问题，可联系调换。联系电话：（010）68929022

编委会

王绍文　江彩云　刘利波　陈月花　毕普云

文　榛　黎伟珠　陈　恩　姜　维　郑彬睿

娄瑞雪　吴园英　李　丽　武良刚

出版说明

党的二十大报告指出，从现在起，中国共产党的中心任务就是团结带领全国各族人民全面建成社会主义现代化强国、实现第二个百年奋斗目标，以中国式现代化全面推进中华民族伟大复兴。习近平总书记在中央党校建校90周年庆祝大会暨2023年春季学期开学典礼上的讲话中首次创造性提出"为党育才、为党献策"的党校初心。紧扣党的中心任务，践行党校初心，中央党校出版集团国家行政学院出版社和中央党校（国家行政学院）中国式现代化研究中心特别策划"中国式现代化的故事"丛书，邀请地方党校（行政学院）、宣传部门、新闻媒体、行业企业等方面共同参与策划和组织编写，从不同层次、不同维度、不同视角讲述中国式现代化的地方故事、企业故事、产业故事，生动展示各个地区、各个领域在大力拓展中国式现代化新征程上的理念创新、实践创新、制度创新、文化创新等，精彩呈现当代中国以中国式现代化全面推进中华民族伟大复兴的宏大历史叙事，以讲好中国式现代化的故事来讲好中国故事。

该丛书力求体现这样几个突出特点：

其一，文风活泼，以白描手法代入鲜活场景。本丛书区别于一般学术论著或理论读物严肃刻板的面孔，以生动鲜活的题材、清新温暖的笔触、富有现场感的表达和丰富精美的图片，将各地方、企业推进中国式现代化建设的理论思考、战略规划、重要举措、实践路径等向读者娓娓道来，使读者在沉浸式的阅读体验中获得共鸣、引发思考、受到启迪。

其二，视野开阔，以小切口反映大主题。丛书中既有历史人文风貌、经济地理特质的纵深概述，也有改革创新举措、转型升级案例的细节剖解，既讲天下事，又讲身边事，以点带面、以小见大，用故事提炼经验，以案例支撑理论，从而兼顾理论厚度、思想深度、实践力度和情感温度。

其三，层次丰富，以一域之光映衬全域风采。丛书有开风气之先的上海气度，也有立开放潮头的南粤之声；有沉稳构筑首都经济圈的京津冀足音，也有聚力谱写东北全面振兴的黑吉辽篇章；有在长江三角洲区域一体化发展中厚积薄发的安徽样板，也有在成渝地区双城经济圈中走深走实的川渝实践；有生态高颜值、发展高质量齐头并进的云南画卷，也有以"数"为笔、逐浪蓝海的贵州答卷；有"强富美高"的南京路径，也有"七个新天堂"的杭州示范……。丛书还将陆续推出各企业、各行业的现代化故事，带读者领略中国式现代化的深厚底蕴、辽阔风光和壮美前景。

"中国式现代化的故事"丛书既是各地方、企业推进中国式现代化建设充满生机活力的形象展示，也是以地方、企业发展缩影印证中国式现代化理论科学性的多维解码。希望本丛书的出版，能够为各地方、企业搭建学习交流平台，将一地一域的现代化建设融入全面建设社会主义现代化国家的大局，步伐一致奋力谱写中国式现代化的历史新篇章。

国家行政学院出版社
"中国式现代化的故事"丛书策划编辑组

总 序

党的二十大擘画了全面建成社会主义现代化强国、以中国式现代化全面推进中华民族伟大复兴的宏伟蓝图。中国式现代化是前无古人的开创性事业，是强国建设、民族复兴的康庄大道。回顾过去，中国共产党带领人民艰辛探索、铸就辉煌，用几十年时间走完西方发达国家几百年走过的工业化历程，创造了经济快速发展和社会长期稳定的两大奇迹，实践有力证明了中国式现代化走得通、行得稳；面向未来，在以习近平同志为核心的党中央坚强领导下，各地方各企业立足各自的资源禀赋、区位优势和产业基础、发展规划，精心谋划、奋勇争先，在推进中国式现代化过程中将展现出一系列生动场景，一步一个脚印地把美好蓝图变为现实形态。

中国式现代化，是中国共产党领导的社会主义现代化，既有各国现代化的共同特征，又有基于自己国情的中国特色。中国式现代化，是人口规模巨大的现代化，是全体人民共同富裕的现代化，是物质文明和精神文明相协调的现代化，是人与自然和谐共生的现代化，是走和平发展道路的现代化。这五个方面的中国特色，不仅深刻揭示了中国式现代化的科学内涵，也体现在不同地方、企业推进现代化建设可感可知可行的实际成果中。中国式现代化理论为地方、企业现代化的实践探索提供了不竭动力，地方、企业推进中国式现代化建设的成就也印证了中国式现代化道路行稳致远的时代必然。

为讲好中国式现代化的故事，更加全面、立体、直观地呈现中国式现代化的丰富内涵和万千气象，中央党校（国家行政学院）中国式现代化研究中心和中央党校出版集团国家行政学院出版社联合策划推出"中国式现代化的故事"丛书，展现各地方、企业等在着眼全国大局、立足地方实际、发挥自身优势，推进中国式现代化建设上的新突破新作为新担当，总结贯穿其中的完整准确全面贯彻新发展理念、构建新发展格局、推动高质量发展的新理念新方法新经验。我们希望该系列丛书一本一本地出下去，能够为各地更好推进中国式现代化建设以启迪和思考，为以中国式现代化全面推进中华民族伟大复兴凝聚更加巩固的思想基础，为进一步推进中国式现代化的新实践、书写中国式现代化的新篇章汇聚磅礴力量。

中央党校（国家行政学院）中国式现代化研究中心主任
2023 年 10 月

序　言

　　海南是一个有故事的地方。

　　在中国式现代化建设道路上，海南取得的成就和经验很多，其中不少是独特的。把如珍珠般的海南故事呈现在读者面前，用一条主线把这些故事串起来，就是编写本书的目的。

　　海南位于中国最南端，是全国唯一的热带岛屿省份，受权管辖约200万平方公里的海洋面积。从波光粼粼、碧水蓝天的海岸线，到林海茫茫、云雾缭绕的热带雨林，海南有着独特的生态系统与自然资源。海南的地理、气候和环境都是独一无二的，这构成了海南建设中国式现代化的自然基础。

　　追溯历史，早在公元前110年，西汉在海南岛设置了珠崖郡和儋耳郡，下设16个县，这是海南历史上有据可考的最早的行政区划名称。海南是一个人杰地灵的地方，抚育出一批著名历史人物，如明清时代的邢宥、丘濬、王佐、海瑞、唐胄、钟芳、张岳崧、王弘诲等。

　　海南拥有红色基因，涌现出张云逸、周士第、冯白驹、王国兴等一批革命家。1927年9月23日，王文明、杨善集、陈永芹等革命先烈指挥的椰子寨战斗，打响了琼崖革命武装总暴动的第一枪。以红色娘子军为代表的红色文化是海南一张靓丽的名片。为此，周恩来曾说，海南远离中央，孤悬海外，坚持23年红旗不倒，这一历史进程体现出海南人民对党的忠诚品质。

1950年，中国人民解放军登陆海南岛，取得海南岛战役胜利，开启了海南历史的新纪元。

1984年，邓小平在视察深圳、珠海、厦门经济特区后提出："我们还要开发海南岛，如果能把海南岛的经济迅速发展起来，那就是很大的胜利。"

1987年，邓小平会见外宾时说："我们正在搞一个更大的特区，这就是海南岛经济特区。海南岛和台湾的面积差不多"，"海南岛好好发展起来，是很了不起的"。

1988年4月13日，七届全国人大一次会议通过了设立海南省和建立海南经济特区的决定。13天后，中共海南省委员会和海南省人民政府正式挂牌。从此，海南这个美丽的海岛获得了前所未有的发展机遇，进入了深化改革、扩大开放的历史新阶段。

2018年4月13日，习近平总书记在庆祝海南建省办经济特区30周年大会上发表重要讲话，赋予海南新的定位："着力打造全面深化改革开放试验区、国家生态文明试验区、国际旅游消费中心、国家重大战略服务保障区，争创新时代中国特色社会主义生动范例，让海南成为展示中国风范、中国气派、中国形象的靓丽名片。"并宣布："党中央决定支持海南全岛建设自由贸易试验区，支持海南逐步探索、稳步推进中国特色自由贸易港建设，分步骤、分阶段建立自由贸易港政策和制度体系。"从此，海南踏上更高水平开放的新征程。

2022年4月13日，习近平总书记考察海南时提出，加快建设具有世界影响力的中国特色自由贸易港，让海南成为新时代中国改革开放的示范，把海南自由贸易港打造成展示中国风范的靓丽名片。海南被赋予了新的更重要使命。

序　言

2022年4月26日，中国共产党海南省第八次代表大会明确提出要全面落实"一本三基四梁八柱"战略框架。

2024年7月，党的二十届三中全会通过了《中共中央关于进一步全面深化改革　推进中国式现代化的决定》，提出"加快建设海南自由贸易港"；2024年8月31日，海南省委八届五次全会通过《中共海南省委关于贯彻落实党的二十届三中全会精神　奋力争当新时代改革开放示范的实施意见》。海南省将进一步全面深化改革，加快建设海南自由贸易港。

2024年12月17日，习近平总书记在听取海南省委、省政府工作汇报时强调，紧紧围绕建设"三区一中心"的战略定位，努力把海南自由贸易港打造成为引领我国新时代对外开放的重要门户，奋力谱写中国式现代化海南篇章。

回顾过去，展望未来。用什么样的理论框架讲述中国式现代化的海南故事，呈现海南的成就和经验？编写组找到了。那就是以习近平总书记在党的十八届五中全会上提出的"创新、协调、绿色、开放、共享"新发展理念，作为海南省建设中国式现代化贯穿始终的指导思想，这也是我们讲述海南故事的理论框架。

"必须把发展基点放在创新上。"海南大力推动改革创新，涌现了一批在全国具有影响力的创新举措，比如"土地超市"等，制度集成创新能级不断跃升。扎实推进"向种图强""向海图强""向天图强""向绿图强""向数图强"，因地制宜打造新质生产力的重要实践地。

城乡融合和区域协调发展是中国式现代化的必然要求。海南致力打造"三极一带一区"区域协调发展新格局，坚持"全省一盘棋、全岛同城化"，突出城乡一体、陆海统筹、山海联动、资源融通，推动城乡融合和区域协调发展，成效显著。

"中国式现代化是人与自然和谐共生的现代化。"习近平总书记指出，

"青山绿水、碧海蓝天是海南建设国际旅游岛最强的优势和最大的本钱","必须倍加珍爱、精心呵护","要把保护生态环境作为海南发展的根本立足点"。海南以深入推进国家生态文明试验区建设为抓手,协同推进降碳、减污、扩绿、增长,用一幅幅生态美景交出了海南推进生态文明建设的答卷。

"开放是中国式现代化的鲜明标识。"在新发展格局中,海南自由贸易港肩负使命,是引领我国新时代对外开放的鲜明旗帜和重要开放门户。"消博会"、离岛免税、"博鳌乐城国际医疗旅游先行区"、陵水黎安国际教育创新试验区等都是高水平开放的先行先试。

"中国式现代化,民生为大。"海南坚持全力推进教育、就业、养老、医疗卫生等民生事业发展,着力解决人民群众的急难愁盼问题。海南用一件件好事、一桩桩实事托起百姓"稳稳的幸福"。

"办好中国的事情,关键在党。"在迈向现代化的道路上,海南始终坚持党建引领。2021年8月12日,《中共海南省委关于坚持以党建引领海南自由贸易港建设的意见》正式颁布,要求"全面提高党的建设质量,更好地以党建引领海南自由贸易港建设,确保中国特色自由贸易港建设正确政治方向"。

当前,海南干部群众正在弘扬"敢闯敢试、敢为人先、埋头苦干"的特区精神,正在以"功成不必在我"的精神境界和"功成必定有我"的历史担当来推进中国式现代化。2025年,海南将迎来全岛封关运作,开启自由贸易港建设新阶段,自由贸易港的建设必将加快海南实现中国式现代化的进程。

乘风破浪,击楫争先,与世界深度交融的海南,未来可期。

本书的编写缘起于中央党校(国家行政学院)中国式现代化研究中心、国家行政学院出版社关于"中国式现代化的故事"丛书的约稿。接到约稿函之后，校（院）研究决定组建"中国式现代化的海南故事"课题组，由7名具有相关领域研究基础的教师组成。为了高质量完成课题和图书编写任务，2024年2月4日上午，我们举办"中国式现代化的海南故事"课题启动仪式暨讲好海南故事研讨会。这次研讨会为本书的写作风格奠定基础。在学校领导的指导和支持下，课题组反复讨论确定了本书各章节的提纲，随后开展扎实调研、广泛收集资料，十易其稿不止，才终于成书。

本书以新发展理念和党建引领为主线，总结海南在中国式现代化建设过程中的典型做法和成就。第一章"逐浪先行海天阔——创新之岛"，聚焦"创新"发展理念；第二章"日新月异迎共富——协调之岛"，聚焦"协调"发展理念；第三章"人与自然和谐共生——绿色之岛"，聚焦"绿色"发展理念；第四章"对标世界最高水平的开放形态——开放之岛"，聚焦"开放"发展理念；第五章"托起稳稳的幸福——共享之岛"，聚焦海南践行"共享"发展理念；第六章"党建引领琼岛蝶变——红色之岛"，聚焦在现代化建设中坚持党的领导和加强党的建设要求。海南故事很多，但受图书篇幅限制，不能面面俱到，故只能取舍。

正值2025年海南自由贸易港全岛封关运作之际，我们编写此书以示庆祝。全书具有以下几个特点：一是框架结构以章布局，每章均凝练以"××之岛"为名的主题，并精选一句话来表达其内涵。二是内容安排上，突出故事性，淡化学术性。三是写作方式上，尽量以小故事来讲述中国式现代化的大故事，既有点和线又有面。四是语言风格上，注重可读性、知识性，清晰简明，有叙有议。由于时间较紧，资料受限，作者水平有限，缺点疏漏在所难免，敬请各位读者批评指正。

目　录

第一章　逐浪先行海天阔——创新之岛

一、极简审批：锚定一流营商环境 / 2

二、"多规合一"：一张蓝图绘到底 / 8

三、南繁硅谷："把种子牢牢攥在自己手里" / 13

四、文昌航天："我国深空探测的重要桥头堡" / 21

五、深海科技："向海图强"有优势 / 27

第二章　日新月异迎共富——协调之岛

一、全岛同城化：交通一体定基础 / 36

二、儋洋一体化：港产城融合促发展 / 40

三、三亚博后村：城乡融合促振兴 / 49

四、共享农庄：农业创新助共富 / 54

第三章 人与自然和谐共生——绿色之岛

一、守护"国宝":共绘绿水青山画卷 / 60

二、致力"双碳":共建清洁能源岛 / 69

三、守好"祖宗海":蓝色国土增新绿 / 77

四、全岛"禁塑":共创绿色美好家园 / 84

第四章　对标世界最高水平的开放形态——开放之岛

一、"消博会":"买全球 + 卖全球"平台 / 94

二、"博鳌乐城":医疗对外开放合作的国际窗口 / 103

三、"陵水黎安国际教育创新试验区":新时代教育开放发展新标杆 / 114

第五章 托起稳稳的幸福——共享之岛

一、均等化：家门口上好学 / 126

二、门路广："就业是最大的民生" / 137

三、夯基础："小病不进城，大病不出岛" / 147

四、强保障：铺展最美夕阳红 / 154

第六章　党建引领琼岛蝶变——红色之岛

一、重引领：海南控股破难题的"最优解" / 162

二、促振兴：水蛟村庭院经济中的"红先锋" / 169

三、优服务：江东新区管理局里的"指导员" / 177

四、送温暖："候鸟"群体中的"夕阳红" / 184

后　记

第一章

逐浪先行海天阔——创新之岛

海南省因改革开放而生，因改革开放而兴。

海南建省 37 年的历史是一幅波澜壮阔的改革创新史，诸多改革领跑全国，书写着全国最大改革"试验田"故事。进入新时代，海南初心不忘，大力弘扬敢闯敢试、敢为人先、埋头苦干的特区精神，充分发挥"三度一色"资源禀赋优势和海南自由贸易港政策制度优势，推出极简审批、"多规合一"等一批在全国具有影响力的改革创新举措，扎实推进"向种图强""向海图强""向天图强""向绿图强""向数图强"，奋力打造新质生产力重要实践地，坚决扛起全面深化改革开放和中国特色自由贸易港建设光荣使命，加快建设具有世界影响力的中国特色自由贸易港，努力让海南成为新时代中国改革开放的示范。

一、极简审批：锚定一流营商环境

极简审批是海南创新行政审批制度的重大举措，是通过制度创新提升政府效能的重大探索，更是海南打造一流营商环境的重要抓手。国务院相关部门给予了肯定，并在全国示范推广。

创新推出极简审批，不断增强企业获得感

"一天完成企业注册，5个月实现项目落地……"2018年8月9日，海南博鳌瑞达麦迪赛尔国际医疗中心负责人感慨道。该中心经营的医疗机构是"六个试行"极简审批改革第一批受益企业之一。在这位负责人眼中，一个优质医院从选址到建成起码需要3年时间的惯例被打破了。

海口高新区的林安智慧物流商贸城一期项目，从开工建设到竣工验收仅用13个月时间，成本节约3300万元以上，其中利息节约2800万元，人工成本、办公耗材等管理费用节约500万元，项目财务成本和管理费用节约近1/3。

海南生态软件园的海南红黄蓝生态国际幼儿园在具备验收条件后，直接向联合验收单位申报验收，一次性提供报验资料，验收部门一次性到场、多项目同步验收，验收结果不互为前置，竣工验收时间不超过20天。

企业的切身感受和在经济上的获益，缘于2015年以来海南在海口高新区

（美安生态科技新城）、海南生态软件园、博鳌乐城国际医疗旅游先行区推行的"六个试行"极简审批改革。

极简审批在海南推出有着内在基因和深层逻辑，海南省因改革开放而生，建省伊始就持续在政府管理模式和行政审批改革上下功夫、蹚路子。

2013年4月，习近平总书记视察海南时强调，要勇于冲破思想观念的束缚和利益固化的藩篱，在完善基本经济制度和深化收入分配制度改革、行政管理体制改革、行政审批制度改革、财税金融体制改革、城乡发展一体化改革等方面取得更大进展，为海南发展注入强劲动力，努力争创规范、高效、优质政府服务的实践范例。

2014年开始，海南持续推进简政放权、优化审批流程等改革。2015年结合省域"多规合一"改革试点，推进最大限度简化行政审批改革。

此后，海南试点"六个试行"极简审批，即在产业园区试行规划代立项、区域评估评审取代单个项目评估评审、准入清单和项目技术评估制度、承诺公示制、联合验收机制、加强事中事后监管，同时试行项目退出机制等创新举措。

为保证改革于法有据，海南省人大常委会审议通过《关于在海南经济特区博鳌乐城国际医疗旅游先行区等三个产业园区暂时变通实施部分法律法规规定的行政审批的决定（试行）》，通过特区立法权对部分审批事项变通执行。

极简审批举措带来了良好的经济效果、创新效果和服务理念。

一方面，审批效率大大提升。通过改革，项目开工前审批事项由29项减少为2项（仅保留环评和消防审批），项目开工后的13个验收事项进行一次性验收，审批时限由152天缩减至26天，审批效率提升80%以上。以项目投资审批为例，改革前涉及审批事项共97项，从立项到竣工验收，审批流程走完大约需要860天；改革后，政府投资项目仅经项目审核、工程招投标、自主建设、竣工验收四个环节，审批时间缩短至63个工作日。

另一方面，创新示范效果明显。2018年，国务院办公厅通报肯定了"六个试行"极简审批改革做法。2019年3月,《中国（海南）自由贸易试验区重点园区极简审批条例》规定极简审批改革进一步推广至海南省重点园区。2020年6月1日中共中央、国务院印发的《海南自由贸易港建设总体方案》和2021年6月10日第十三届全国人民代表大会常务委员会第二十九次会议通过《中华人民共和国海南自由贸易港法》均要求全面推行极简审批制度。

可以说，极简审批改革极大转变了政府服务理念，更多政府工作人员意识到审批不是权力，是责任更是服务；传递了海南政务服务无止境、只有更好没有最好的一种精神状态；更表达了海南打造一流营商环境的追求和决心。

以制度集成创新为核心，持续提升政府服务效能

极简审批改革是海南以制度集成创新为核心，持续提升政府效能的一个生动注脚。近年来，海南秉持以人民为中心的改革价值观，按照系统集成、协同高效的要求推进制度集成创新，持续释放政府效能。

海南争取中央支持，设立全国改革和制度创新领域唯一一个省级表彰奖项——"海南省改革和制度创新奖"，建立了一套严格规范的制度集成创新案例评选机制，不断激发政府创新活力。截至2024年11月，发布了18批152项制度创新案例，其中11项被国务院向全国复制推广，20多项被国家部委向全国复制推广。

实行国际投资"单一窗口"，聚焦投资自由化便利化，将招商、市场监管、项目审批等13个部门20个政务系统，涵盖的企业设立登记、变更、注销、社保登记、签证证件办理等179项投资服务事项整合到一个窗口，实行"一个账户、一次注册、一套密码、一组资料"管理模式，全流程缩减企业提交表单材料55%，缩减审批时限和环节近70%，企业全流程办理设立、税务登记、公章刻制、外商投资信息报告、外汇登记、银行预约开户等业务，最快2天内即可

第一章　逐浪先行海天阔——创新之岛

三亚中央商务区企业服务中心（海南省图片社供图）

办结，大幅提升投资服务效率。

实行船舶登记"一事通办"，将船舶从建造到投入运行所需要办理与船舶登记相关的海事政务事项作为"一件事"，实行"一窗受理、协同审批、无缝衔接、全程服务"的办理模式。通过改革，将4个审批环节统筹协调为1个环节，共减少材料30余项，办理时间由累计52个工作日减少到7个工作日。比如，海南自由贸易港登记的第一艘国际航行船舶——"中远海运兴旺"轮，办理时间压缩至3个工作日，经办18个事项、16本船舶证书文书，减少材料30余项，减幅达40%以上。

实施市场准入"承诺即入制"改革。在全国率先推动，在具有强制性标准的领域取消6项涉企经营许可事项，实行承诺即入制，市场主体准入时限整体提高90%以上。比如，万宁市将食品经营许可审批、卫生室校验和社会团体年

5

检等 27 个事项由审批改为备案，2020 年 10 月 9 日一天内办理了 133 家医疗机构校验，而过去至少需要 6 个月以上，办件效率大幅提高。

持续提升通关便利化自由化水平。推动"一线放开、二线管住"制度和通关便利化措施扩区，在洋浦港、海口港推行"船边直提""抵港直提"业务改革，提高码头进出口货物通关时效。口岸进口和出口整体通关时间分别为 31.04 小时和 0.89 小时，优于全国平均水平。

依托"e 登记"平台，率先推行商事登记"全省通办"，大幅提高了商事登记便利化程度。通过改革，开办企业所需时间压缩至 1 天，达到国内先进水平；海南省 72% 的市县和 100% 的园区实现开办企业"零成本"。

一个个创新案例，持续见证并彰显了海南发展不止、创新不止、服务不止的政府服务理念，已经并将不断提升市场主体和人民群众获得感、体验感、满意度。

锚定一流营商环境，营商环境"优"无止境

2022 年以来，海南先后推出"我陪群众走流程""开展推动企业高质量发展大调研大服务专项行动""聘请营商环境体验员"等优化营商环境的特色做法。当前，营商环境建设进入高速发展、快速优化新阶段，独具特色、辨识度高的创新举措不断推出，持续激活市场和社会活力。

海南坚持在法治轨道上深化改革，致力打造法治化、国际化、便利化的一流营商环境。深入贯彻落实《中华人民共和国海南自由贸易港法》，出台了《海南自由贸易港优化营商环境条例》等系列法律法规，把相关的政策用法律法规进行固化，给经营主体更稳定预期。

2022 年底成立全国第一个营商环境建设厅，2023 年市县层面营商环境局相继建立，构建形成了贯通上下、紧密融合政务服务、数据共享、社会信用于一体的营商环境建设新格局，并在全国率先实现市县"一枚印章管审批""一支队

伍管执法",合力推动营商环境持续改善。

打造优化营商环境服务品牌。比如,推行"自贸港请您来投诉",依托营商环境问题受理平台开展,平台运作3年多,接受企业投诉7000多个,超过95%的问题得到办结。又如,推出"自贸港为您来服务",不断推出各种为企服务措施,如2023年海南在全省范围开展的面向规模以上企业和专精特新企业的大调研大服务活动。

推动政务服务"再升级"。从"只跑一次""全省通办"的政务服务窗口,到"一码通办"的"海南省企业综合服务平台",再到为企业群众送上"零距离"服务的"三亚营商直通车";海南"数据产品超市"通过数据产品化的形式推动公共数据、社会数据共享流动、融合利用;海口江东新区推出全链条服务,为园区企业、人才提供便捷高效"一站式"服务,竞相创新、迭代升级。

"六个试行"极简审批不是改革创新的终点,而是更高能级制度集成创新的起点。2024年4月,海南决定在洋浦经济开发区、三亚崖州湾科技城、海口江东新区、博鳌乐城国际医疗旅游先行区、海南生态软件园和湘琼先进制造业共建产业园等6个园区,率先试点实行特色"产业地标"、推广"项目直通车"服务机制、对接世界银行B-Ready指标体系创新等系列改革举措,开展营商环境"领跑行动"。

未来,海南将坚定不移高举改革开放旗帜,全面贯彻习近平新时代中国特色社会主义思想,深入贯彻落实习近平总书记关于海南工作的系列重要讲话和指示批示精神,锚定"一本三基四梁八柱"战略框架,以经济体制改革为牵引,以促进社会公平正义、增进人民福祉为出发点和落脚点,更加注重系统集成,更加注重突出重点,更加注重改革实效,以高水平开放倒逼深层次改革,以深层次改革促进高质量发展,以更大的勇气和智慧向进一步全面深化改革要动力、要活力、要红利,加快建设具有世界影响力的中国特色自由贸易港,争当新时代中国改革开放的示范。

二、"多规合一"：一张蓝图绘到底

"多规合一"是一项在全国没有先例可循的改革。海南率先试点省域"多规合一"，以"全省一盘棋"思路整合各类空间规划，为海南绘就了一张发展蓝图。习近平总书记给予充分肯定，指出海南在推动形成全省统一空间规划体系上迈出了步子、探索了经验。近年来，海南持续完善和拓展"多规合一"功能，创新推出"土地超市"、国土空间用途审批"多审合一"、施工图审市场化和"多审合一"等一批"多规合一"应用成果，为海南全面深化改革开放和加快建设具有世界影响力的中国特色自贸港提供了有力支撑。

推行"多规合一"，为海南绘好一张蓝图

"多规合一"是指在统一坐标体系、基础数据、规划年限、用地分类标准和成果要求的基础上，统筹整合主体功能区规划、生态保护红线规划、城镇体系规划、土地利用总体规划、林地保护利用规划、海洋功能区规划等6类空间性规划，并落实到发展一张蓝图。

"多规合一"对提高海南的空间管控治理效能和空间资源利用效益意义重大。海南通过"多规合一"改革，梳理并化解耕地、林地、建设用地之间的规划矛盾、重叠图斑72.1万块，面积1587平方公里，确保了地类规划属性的唯

一性。

"如果没有'多规合一'改革，海南生态软件园不可能取得如今的发展成绩。超过7平方公里的园区在建设前有数十块土地相互'打架'。同一地块会有基本农田、林地和城市建设用地等几种'身份'。因为土地性质说不清，一动就扯皮。'多规合一'改革彻底解决了这个难题。"2017年9月，海南生态软件园负责人接受新华社记者采访时如是说。

2015年6月5日，习近平总书记主持召开中央全面深化改革领导小组第十三次会议，决定将海南列为全国唯一的省域"多规合一"改革试点，同意海南就统筹经济社会发展规划、城乡规划、土地利用规划等开展省域"多规合一"改革试点工作。

"多规合一"改革没有先例可循，海南改革试点走在全国前沿。为此，海南成立省长为组长的领导小组，17个省直部门全程参与，举全省之力推动"多规合一"改革。

打破了部门壁垒和区划分割，按照"全省一盘棋、全岛同城化"的理念，编制完成并实施海南省总体规划和市县总体规划、环岛旅游公路、热带雨林国家公园等专项规划，划定生态保护红线、永久基本农田、城镇开发边界等控制线，形成了全省发展一张蓝图。

提高空间利用和统筹效率。从全局的视野优化空间布局、引领产业集中集约发展、完善"五网"基础设施、严守生态红线，统筹全省重点产业、城镇空间结构和重大基础设施、公共服务设施等布局，真正把有限资源、产业等要素资源用足用好，把产业园区办成投资密集区、科技高地和就业集中区，使最好的资源吸引最好的投资，将资源优势真正转化为海南的发展优势。

海南省域"多规合一"改革，形成了一张蓝图、制定（修订）了一套法规体系、创新了一套管理体制机制、探索了一套行政审批新模式、建立了一个"多规合一"信息综合管理平台。

2016 年 6 月 27 日，习近平总书记主持召开中央全面深化改革领导小组第二十五次会议，审议通过《关于海南省域"多规合一"改革试点情况的报告》等事项，充分肯定海南"多规合一"改革工作，指出海南在推动形成全省统一空间规划体系上迈出了步子、探索了经验。2018 年 7 月，《国务院办公厅关于部分地方优化营商环境典型做法的通报》中，海南"多规合一"改革措施得到肯定并向全国推广。

海南全面深化改革开放和中国特色自贸港建设进程中，"多规合一"改革效应和支撑作用将进一步释放，"全省一盘棋、全岛同城化"加速成型、成熟，持之以恒、久久为功，一张蓝图绘到底、美好蓝图必将变成现实。

创新建立"土地超市"，高效服务企业用地需求

逛"土地超市"，找土地落项目，需要几步？2024 年 1 月，海南宏玮智能科技有限公司负责人接受《海南日报》记者采访时表示："登录'土地超市'，按照土地所在市县、土地性质等进行选择，符合条件的地块筛出来后，再对比区位、规划指标、基准地价等信息，有需求可放入购物车下单，会有相关人员对接参与公开竞买。"从"土地超市"上"云选地""云看地"，到拿地签约、签署施工合同，不到 2 个月，非常顺畅。"土地超市"这种足不出户的"全景式"看地、便捷买地的高效服务模式，被许多投资者点赞。

海南自由贸易港建设启动后，曾出现这样一种困境：一方面大量好项目纷至沓来却"无地可落"；另一方面当地不少土地闲置多年仍在"睡大觉"。"项目等土地"成为困扰企业投资海南的堵点，如何破解以实现"土地等项目"？

"土地超市"提供了新思路、新出路。2022 年 5 月海南出台《关于建立"土地超市"制度的实施意见》，要求将政府已完成收储的土地、符合规划和"净地"要求的批而未供土地（不含划拨供应的基础设施、公共设施用地）、依法依

规收回且具备新供应条件的土地等,全部纳入"土地超市",统一归集、统一发布、统一交易。

2024年10月17日,海南省首届全域土地综合整治暨2024年"土地超市"招商推介活动在海口市举行(海南省图片社供图)

借鉴网络购物模式,依托海南一体化政务服务平台"海易办",建立起"土地超市"这一全省统一公开透明的土地信息推介平台,投资者通过"云上读地""云上选地""云上买地"等方式实现土地要素公开透明、方便快捷的交易。

同时,推动平台互通、数据共享,将"土地超市"平台与土地交易平台、项目策划生成平台、工程建设项目审批管理系统对接,在确保"净地"供应的基础上,策划生成项目进行智能选址和项目用地配对。

建立多层级监管的用地保障机制,建立"履约评价"管理模块,将控制性详细规划等规划成果入库数据化管理,确保数据全流程管理,按时序开展监管和评价,防止低效、闲置土地。

今后,海南将按照进"土地超市"是常态、不进"土地超市"是例外的原则，不断提升"土地超市"信息平台的量和质。同时推进"土地超市 + 标准地""土地超市 + 全域土地综合整治（共享农庄）""土地超市 + 拿地即开工"等制度集成创新。

"土地超市"制度取得了显著经济效果和社会效果，有效地提升了企业投资获得感。

通过"土地超市"制度改革，全面梳理摸清了存量建设用地底数，盘活了土地资源要素。目前，功能已拓展到矿产、海域、碳汇等，服务也拓展到探索建立"项目策划 + 土地超市 + 极简审批"的供地全流程制度，提升项目全流程"直通车"服务水平。截至2024年5月底，"土地超市"平台累计上架国有建设用地1050宗、面积5.53万亩，国有农用地5宗，采矿权6宗，海域使用权152宗，集体经营性建设用地30宗。海南"土地超市"已累计成交635宗，共3.47万亩。

"土地超市"解决了土地信息不对称、不透明的矛盾，为企业节省了大量成本，实现了从"不找市场找市长"到"不找市长找市场"的转变。据统计，2023年，海南"土地超市"全口径收入474.9亿元。

通过"土地超市"平台，实现多平台串联互通、数据共享，实现了建设用地"批、供、用、管、查"全生命周期信息监管和业务协同。

2022年11月，自然资源部对海南建立"土地超市"制度给予充分肯定。2024年1月，商务部集中发布47项自贸试验区制度创新成果，其中海南"土地超市"全生命周期管理模式入选第五批"最佳实践案例"。

"土地超市"制度的成功离不开海南率先在全国探索开展省域"多规合一"改革，"土地超市"正是"多规合一"改革深化应用的重要成果。

第一章　逐浪先行海天阔——创新之岛

三、南繁硅谷："把种子牢牢攥在自己手里"

种子安全关乎国家粮食安全，是"国之大者"。习近平总书记强调，"中国人的饭碗要牢牢端在自己手中，就必须把种子牢牢攥在自己手里"，"要下决心把我国种业搞上去，抓紧培育具有自主知识产权的优良品种，从源头上保障国家粮食安全"，"国家南繁科研育种基地是国家宝贵的农业科研平台，一定要建成集科研、生产、销售、科技交流、成果转化为一体的服务全国的'南繁硅谷'"。

2024年10月9日，在国家南繁科研育种基地（安马洋）配套服务区，科研人员在撒防鸟网（海南省图片社供图）

13

潮起海之南

自20世纪50年代以来，已有超过60万人次到海南开展南繁育制种，无数农业科学家、技术员在海南默默干着一件伟大事业——南繁科研育种。近年来，海南牢记习近平总书记嘱托，"向种图强"，以种子创新和种业发展为导向，加快建设国家重大科技创新平台，高标准建设"南繁硅谷"，全国种业科创高地加速成势。

育种摇篮"南繁"，新品种选育加速器

南繁，这是一个独存于中国农学、育种界和种业里的固定用词，最早提法为"异地培育"，后演变为"北种南育"和"北种南繁"。南繁是指每年秋冬季节，将农作物品种带到海南等我国南方光照、温度条件适宜的地区，从事农作物品种选育、种子生产加代和种质鉴定等活动的方法，这样一年可繁育2～3代，从而加速育种过程，缩短育种时间。

南繁是经过中国育种科学家艰苦卓绝探索60年，在世界农业史和人类生存史上产生革命性影响的大规模育种、制种实践。南繁诠释了众多农业科学家一次又一次的开拓和前赴后继的付出，见证了一个又一个种子奇迹、粮食奇迹的诞生。例如袁隆平发明的杂交水稻技术，李登海培育的紧凑型杂交水稻"掖单"系列和"登海"系列，郭三堆团队研发的有自主知识产权的单价、双价转基因抗虫棉，等等。如今，玉米育种专家程相文等老一辈育种家依然坚守南繁。

1968年，袁隆平初次踏上海南岛开展南繁育种科研，试图寻找野生稻进行远缘杂交。两年后他的学生李必湖在三亚南红农场发现一株花粉败育的雄性不育野生稻，为杂交水稻研究打开了突破口。此后，从杂交水稻三系配套到两系法获得成功，再到超级杂交稻亩产攻关屡次刷新纪录……一座座科研高峰背后，袁隆平年年如候鸟般来到海南，生前多次说道："杂交水稻的成功，一半功劳应该归功于南繁。"

目前，南繁杂交水稻累计种植面积超过3亿公顷，占全国水稻种植面积的60%以上，累计增收稻谷5亿吨。袁隆平生前领衔的科研团队，自1996年启动"中国超级稻计划"以来，屡屡创下超级稻世界亩产纪录，2022年早稻实现亩产900公斤的预期目标，实现了"海南杂交水稻双季亩产3000斤"攻关目标。

海南一粒粟，牵系中国粮。南繁与海南已融为一体，南繁离不开海南，海南因南繁而享誉世界。

海南三亚、陵水和乐东年平均气温23~24摄氏度，拥有发展南繁种业得天独厚的气候优势，素有"天然大温室"美誉，也是育制种的绝佳天然加速器。每年冬春季节，数以千计的科学家、技术员从全国各地奔赴海南进行育种、制种。目前，海南划定了26.8万亩南繁科研育种核心区，建成乐东黎族自治县抱孔洋、陵水黎族自治县安马洋配套服务区。每年全国29个省（自治区、直辖市）800多家科研生产单位、高等院校、科技企业的8000多名专家来海南从事南繁育种，科研育种面积4万多亩。

在海南三亚国家南繁科研育种基地，科研人员在海水稻秧田里检查出苗情况（海南省图片社供图）

据统计，新中国成立以来育成的 2 万多个农作物新品种，超过 70% 是经过南繁培育的。目前，南繁作物种类越来越多样化，由过去的粮食作物育种为主，正在向棉麻、油料、薯类、水果、蔬菜、花卉、药材、林木，以及水产、畜禽等领域拓展，覆盖物种达 40 多种。目前，三亚、陵水、乐东、东方、临高、昌江等地发展农作物制种产业，常年制种面积超 20 万亩，年生产种子超 4500 万公斤，可种植水稻 4500 多万亩，发挥着农业生产用种"储备库"作用。

60 年来，育种科学家通过南繁，不断更新农业的"芯片"，孕育的新种良种从海南撒向全国各地，"种"济天下，筑牢了"中国饭碗"最坚实底座。

创新运行模式机制，给种业创新装上新引擎

进入新时代，"南繁硅谷"建设展现新气象，围绕制约种子创新关键核心技术"卡脖子"问题，新平台、新技术、新体制加速集成供给，南繁科研育种装上了发展新引擎。

打造国家种业创新平台，夯实了"向种图强"基础。中国科学院院士李家洋领衔的国家级平台——崖州湾种子实验室成立于 2022 年 9 月，是中央管理的新型科研事业单位，建设了大型仪器公共服务中心、种质资源分子鉴定平台、核心种质资源库、人工气候室等 10 个共享性科研平台，总面积超过 24 万平方米，总投资 30 亿元，配置 3500 余台/套仪器设备。同时，实验室推行项目"揭榜挂帅"制，南繁育种从"各自为政"走向"协同攻关"。2021 年 11 月至今，累计推出 103 个课题项目，吸引了来自国内 76 所高校和科研院所的专业科研团队。

截至 2023 年年底，崖州湾科技城已汇聚省部级及以上科创平台 29 个，其中国家级平台 4 个，在全省高标准构建高能级科创平台体系中的地位日益凸显。三亚国家南繁作物表型研究设施建设项目建成投用，汇聚 16 支科研团队，入驻 200 余人开展科研工作。全球最大的国家野生稻种质资源圃建成开园，以植株种

植形式保存全球 21 种野生稻、1.3 万份活体种质资源。

"这在海南历史上是没有的，也是极不容易的。"李家洋在 2024 年 3 月举行的 2024 中国种子（南繁硅谷）大会对此给予厚望："培育出新型战略品种，争取较短时间内使我国的种业创新水平达到国际领先水平。"

引入南繁育种合同研究组织（CRO）模式，让科学家专心育种。围绕南繁科研育种全生命周期，从育种服务、共享分享、配套支持、成果转化等方面开展南繁科研信息化应用建设，打造以种业 CRO 模式为核心的全方位、现代化南繁科研服务生态体系。比如，引入山东舜丰生物、隆平生物等龙头企业，提供基于基因编辑技术的委托育种服务、热带特色作物遗产改良服务、分子检测等 CRO 服务。

按照传统的南繁模式，从选地到育苗，从种植到观测，这些繁重的体力劳动，都需要育制种专家亲力亲为，预制种专家既是科学家，又是农民和采购员。杂事太多，让科学家无法专心育种。如今，这些杂事都可以通过三亚崖州湾科技城种业 CRO 服务平台获得专业服务。

数据显示，种业 CRO 能将育种材料创制周期缩短近 1/3，科学家田间育种作业时间减少 70%，专利申请周期从数月压缩至 7 天。

赋予充分改革自主权，搞活"南繁硅谷"管理体制机制。一方面，崖州湾科技城实行"法定机构 + 平台公司"，通过地方立法明确崖州湾科技城管理局作为法定机构，授权或委托其行使除依法应当由省政府管理或需要全省统筹事项外的省级管理权限，法定机构实行市场化运作、企业化管理；引入招商局集团、中化集团作为开发运营平台公司，充分发挥大集团综合产业优势、资源整合能力及园区运营管理经验，创新园区运营模式。另一方面，邀请 13 位两院院士、5 位行业知名专家，组建崖州湾科技城专家咨询委员会南繁分会，对事关南繁种业的发展战略、政策导向、产业规划等全局性、战略性、长远性重大问题提供咨询建议。此外，改革科研管理体制，赋予科学家更高话语权。比如，崖州湾种子实验室实行"首席科学家负责制"，重大课题所需经费、队伍组建等都

潮起海之南

由首席科学家决策。

可以说，"南繁硅谷"建设，因其灵活的体制机制，真正做到"政府主导、企业实施、市场化运作"，真正做到让"园区说了算"，最大限度地发挥了有为政府和有效市场作用。

2023年12月26日，在三亚市崖州区的国家南繁生物育种专区，工作人员在田间播种（海南省图片社供图）

用足用好海南自贸港政策，撬动全球资源"向种图强"

近年来，海南秉持全球视野，充分利用自贸港"五自由便利、一安全有序"的开放政策，以及零关税、低税率、简税制优惠政策，集聚全球种业创新资源打造"南繁硅谷"。

汇集顶流种业创新力量，打造种业人才集聚高地。引入落地中国科学院海南种子创新研究院、中国农业大学、中国农业科学院、中国热带农业科学院、非洲科学院、华大生命科学研究院等20余家国字号和细分领域顶级科研机构；引进包括中国种子集团、隆平高科、大北农和德国科沃施（KWS）、荷兰科因（KeyGene）等上千家国内外涉农企业；大力引进院士及其团队，围绕南繁科技前沿理论和关键核心技术"卡脖子"问题设立院士工作站和院士团队创新中心。

此外，崖州湾种子实验室协同19家联席成员单位，聚集约800名科研人才全时在海南开展种业创新研究。据统计，截至2023年年底，引进南繁领域海南高层次人才337人，认定南繁领域人才815人（全职682人、柔性引进133人），设立7个院士工作站和2个院士团队创新中心。截至2024年11月，海南聚集了3100多家种业创新企业，南繁种业产值突破120亿元，约占全国种业总产值的8%左右。

加快建设知识产权特区，推动种业创新成果转化。国家知识产权局在海南自贸港建设的首家国家级知识产权功能性平台——中国（三亚）知识产权保护中心通过验收。2021年获批国家知识产权信息公共服务网点。合作共建农业农村部科技发展中心崖州湾分子检测实验室，并依托该实验室建成了全球动植物种质资源DNA指纹信息数据库，为种业知识产权保护提供核心支撑和体制保证。

此外，2万多项知识产权在崖州湾知识产权公共服务平台展示，作为交易供应信息挂牌的高价值专利达2000多项，成功推动首单植物新品种权交易和首单果蔬深加工技术转让业务落地。比如，中国农业科学院和企业完成"丹霞红梨"植物新品种权交易，价格高达2200万元。

深化种业科研对外合作，推动全球引种业务落地。立足海南、服务全国、面向世界开展种业科技创新服务，设立崖州湾国际种业科创中心，强化国际开放和交流合作，推动植物新品种权和国际种质资源交易。启动国际种子检验协会（ISTA）会员实验室创建工作，计划用 4 年时间通过能力测试、获取实验室认证，为种质资源进出境和种子进出口贸易提供国际互认的检测服务。在确保生物安全的前提下，多部门协同完成 2 家外资种企分别从智利引进 20 公斤转基因大豆和 20 公斤非转基因大豆种质资源，从德国引进 50 个品种共 100 公斤玉米种质资源，两单业务均已于 2021 年 12 月在三亚落地，为境外引种业务常态化操作提供成功案例。

展望未来，国家明确到 2030 年全面建成集科研、生产、销售、科技交流、成果转化为一体的服务全国的南繁硅谷。2024 年 8 月 31 日，海南省委八届五次全会提出，"大力发展'种源 + 种业 + 种市'南繁种业"，"高水平建设南繁硅谷"。昂首阔步创新路，海南正聚焦种业创新，壮大种业"芯"力量，"向种图强"迸发澎湃动力。

四、文昌航天："我国深空探测的重要桥头堡"

文昌航天发射场，国家对此寄予厚望。2022年4月12日，习近平总书记到文昌航天发射场视察时强调："文昌航天发射场是我国新一代大推力运载火箭发射场，是我国深空探测的重要桥头堡，在我国航天体系中具有特殊重要地位和作用。要大力弘扬'两弹一星'精神、载人航天精神，坚持面向世界航天发展前沿、面向国家航天重大战略需求，强化使命担当，勇于创新突破，全面提升现代化航天发射能力，努力建设世界一流航天发射场。"

海南文昌，这个拥有2000多年悠久历史的人杰地灵之城，昔日侨乡，如今的国际航天城，日益成为人们心中的"宇宙之城"，与商业航天、重型火箭、探月工程等紧密相连。在这里，可以一起见证中国航天更多奇迹；在这里，未来万亿级商业航天市场令人无限期待；在这里，儿时航天逐梦、星辰大海的愿望可能成真；在这里，海南"向空图强"发展新质生产力的生动实践正在演绎。

发挥比较优势，文昌国际航天城加速发展

相比我国较早建设的酒泉、太原及西昌卫星发射中心，文昌航天发射场是中国首个滨海发射场，拥有纬度低、距赤道近、射向范围广、运载效率高等特点和优势，火箭运载能力可提高10%~15%。

潮起海之南

在大直径运载火箭运输、航路落区安全、发射安全保障等方面，文昌同样具有核心优势。简单来说，就是同一个型号的火箭在文昌发射更省燃料，相比内陆发射场依赖铁路运输，文昌海运更便捷，火箭起飞后燃烧的残骸直接坠入大海更安全。

回首文昌航天发射场建设之路，许多人为之动容。

早在 20 世纪 70 年代，国家提出建设航天发射场时，就曾认定海南拥有理想的地理条件。1988—1989 年，原国防科工委、航空航天工业部两次派专家到海南考察调研，但因为基础设施落后等原因，海南最终与航天遗憾地擦肩而过。

2007 年 8 月，为适应国家航天事业可持续发展需要，党中央、国务院作出重大战略决策——在海南文昌建设我国新一代运载火箭发射场；2008 年 3 月，文昌航天发射场建设工程筹备组宣布成立；2009 年，文昌航天发射场正式奠基动工。

当机遇再次垂青，决不能辜负期待。海南省委、省政府贯彻落实党中央指示精神，全力支持文昌航天发射场建设。文昌人不辱使命，文昌龙楼、东郊等镇的 24 个村庄 1100 户农民搬离家园故土，以实际行动支持国家航天事业；数千名来自全国各地的建设者挥别亲友、进驻文昌，满怀激情地开始艰苦创业之旅，打响抢工期、抢进度、抓质量的中国航天攻坚战。

文昌见证了中国航天事业发展的一个又一个历史时刻、非凡任务、长足进步。

2016 年 6 月，长征七号运载火箭在文昌成功发射，标志着我国第四个航天发射场——文昌航天发射场正式投入使用。2017 年 4 月，天舟一号货运飞船在文昌成功发射，完成与天宫二号对接，空间实验室任务取得圆满成功，宣告中国载人航天全面进入空间站时代。

2018 年 4 月，文昌再次迎来重大发展机遇。习近平总书记在庆祝海南建省办经济特区 30 周年大会上发表重要讲话，提出"建设航天领域重大科技创新基地和国家深海基地南方中心，打造空间科技创新战略高地"。《中共中央 国务院关于支持海南全面深化改革开放的指导意见》提出"依托海南文昌航天发射场，推动建设海南文昌国际航天城"。

2020年6月《海南自由贸易港建设总体方案》提出"依托文昌国际航天城、三亚深海科技城，布局建设重大科技基础设施和平台，培育深海深空产业"。

2021年4月，国家发展改革委、商务部印发《关于支持海南自由贸易港建设放宽市场准入若干特别措施的意见》提出支持海南打造国际一流、市场化运营的航天发射场，推动商业航天产业链建设。

2022年4月12日，习近平总书记视察文昌航天发射场时强调，要强化使命担当，勇于突破创新，努力建设世界一流航天发射场。同年7月6日，海南商业航天发射场动工，商业航天发展迈入快车道。

2023年9月，海南成立以省长为组长的海南省航天领导小组，全面推进文昌国际航天城建设。

当前，文昌国际航天城战略布局日益清晰，以"建设航天领域重大科技创新基地""打造空间科技创新战略高地"为总目标，聚焦打造"世界一流航天发射场""世界一流航天科技城"，服务保障国家重大战略，支撑航天强国建设，推动商业航天产业发展，培育壮大火箭链、卫星链、数据链和"航天+"产业，全力构建"一中心两区"（国际发射中心、国家级商业航天创新示范区、国际合作先行区）。

发展商业航天产业，支撑航天强国建设

拥有诸多优势且在航天发射场中最为年轻的文昌，能创造更多的可能性吗？契机在于全球航天领域正在发生升级变革——商业航天异军突起。在文昌航天发射场不远处，坐落着我国首个商业航天发射场。

争夺太空必须发展商业航天，发展商业航天是一件与时间赛跑的事业。对商业航天从业者来说，不仅要在国内同行中突出重围，还要争夺稀缺且不断被国际竞争对手抢占的轨道和频率等太空资源。

数据显示，2023年，全球共完成223次航天发射，合计发射航天器2945个。其中，美国共实施116次发射，部署了2248个航天器；中国共实施67次发射，部署了218个航天器。其中，由埃隆·马斯克在2002年创办的SpaceX作为全球商业航天的领头羊，其"猎鹰"系列运载火箭航天发射次数就达96次，将旗下的1948颗"星链"卫星送上了太空。

当"航天"这个曾经离普通人很遥远的词冠上"商业"二字后，它便成为一个讲究效率、注重成本、追求盈利的行业。2024年3月，商业航天作为新质生产力的代表，首次被写入《政府工作报告》。商业航空未来万亿级的市场就如广袤的太空，令人无限期待。

随着我国加快组建卫星互联网，卫星发射需求也将很快迎来"井喷"。根据国网星座计划，我国预计要向太空发射近1.3万颗卫星；"G60星链"卫星互联网项目计划发射1.2万颗卫星。商业航天企业时空道宇首席技术官（CTO）接受《证券时报》记者采访时表示，未来5年，我国低轨卫星制造及发射需求有望进入增长爆发期，预计将有3万~4万颗低轨卫星升空。目前，国内微小卫星年产能尚有90%缺口，海量需求面前，仅靠"国家队"力量显然不够，必须引入民营商业航天公司。

商业航天是发展新质生产力的主赛道，是构建我国航天产业新发展格局的重要推动力。文昌具备发展商业航天的独特优势和核心能力，正探索走出一条具有海南特色的商业航天产业发展之路。

发挥"两场三链"的核心优势和产业集聚优势，打造商业航天胜地和航天产业集聚地。文昌拥有中国首个滨海发射场和全国唯一的商业航天发射场，以商业航天发射场为核心形成的产业发展逻辑正吸引航天头部企业加速布局，逐

第一章　逐浪先行海天阔——创新之岛

2024年11月30日22时48分，我国首个商业航天发射场海南商业航天发射场首次发射取得圆满成功（海南省图片社供图）

步形成以火箭院、国家航天局、中国空天院为链主的产业生态，加快建设星箭产业园，加快补链延链强链，打造"出厂即发射、发射即运营、数据即服务、返回即复用"的产业组织创新模式。

发挥产业链、创新链、资金链协同优势，打造科技创新高地。文昌国际航天城内落地了一批重大产业项目，搭建了火箭装配厂房、卫星总装测试厂房等科技创新公共平台，创建了海南省航天技术创新中心、海南卫星数据与应用研究中心等航天领域新型研发机构，挂牌深空探测实验室文昌基地，组建一期规模 10 亿元的航天产业基金。

发挥海南自贸港政策、商业航天开放政策的叠加优势和国际化优势，打造国际合作根据地。海南在海洋资源开发、生态环境、交通运输、国际旅游等重点行业应用场景广泛，能够有效牵引释放空天大数据价值。同时，布局以国际化、应用场景为优势的共用平台，培育壮大空天信息产业。

2024 年 11 月 30 日 22 时 48 分，海南商业航天发射场首次发射圆满成功，这次发射展示了全新的火箭发射场、全新的火箭、全新的发射队伍、全新的发射机制。

北纬 19 度，文昌航天，"向天图强"，未来可期！

五、深海科技："向海图强"有优势

海南，因海而生、向海而兴。2018年4月，习近平总书记考察海南时强调："南海是开展深海研发和试验的最佳天然场所，一定要把这个优势资源利用好，加强创新协作，加快打造深海研发基地，加快发展深海科技事业，推动我国海洋科技全面发展。"近年来，海南依托海洋深度优势，"向海图强"，围绕服务海洋强国战略和实施海洋强省战略，聚焦深海科技，布局重大科技基础设施和产业平台，打造深海科技创新高地，发展海洋经济，推动海洋强省建设，日益成为我国深海科技力量主要聚集地，为国家深海战略和海洋强国建设提供重要战略服务保障。

南海——深海研发和试验的最佳天然场所

2016年5月30日，习近平总书记在"科技三会"（全国科技大会、国家科学技术奖励大会、两院院士大会）上讲话强调："深海蕴含着地球上远未认知和开发的宝藏，但要得到这些宝藏，就必须在深海进入、深海探测、海洋开发方面掌握关键技术。"

海南是陆域小省，陆域面积3.54万平方公里，在全国各省中最小，却是海洋大省，授权管辖海域面积约200万平方公里，在全国管辖海域面积的各省中

潮起海之南

三亚崖州湾科技城深海科技创新公共平台（海南省图片社供图）

最大。我国超过1000米深度的海域主要位于南海，平均水深约1212米，最深处达5567米。

从海南三亚崖州湾出发，到达1000米水深的南海海域仅164公里，到2000米水深的南海海域仅248公里，科考船经崖州湾出发可实现当天往返。"深海勇士"号、"奋斗者"号、"探索一号""探索二号"、超大型压力舱等大国重器频频从海南出发、深入南海，见证了南海探测深度，见证着我国深海事业发展速度。

2016年6月22日—8月12日，中国科学院深海科考队，在马里亚纳海沟"挑战者深渊"海域，开展我国第一次综合性万米深渊科考活动，标志着我国深海科考进入"万米时代"。

2017年8月16日—10月13日，"深海勇士"号载人潜水器在我国南海成功完成4500米级载人海上试验任务，标志着我国载人潜水器国产化的进程迈出关键步伐，在挺进深海的征程中增加了新的大国重器。

2020年6月28日，我国首艘全部配备国产化科考作业设备的载人潜水器支持保障母船——"探索二号"船在三亚南山港正式入列，标志着我国深海科考再添利器。

2020年11月28日，"奋斗者"号成功完成万米海试，成功坐底马里亚纳海沟，创造了10909米中国载人深潜新纪录。习近平总书记致信祝贺"奋斗者"号全海深载人潜水器成功完成万米海试并胜利返航。

2021年8月11日—12月5日，"探索一号"科考船搭载"奋斗者"号载人潜水器，在马里亚纳海沟"挑战者深渊"最深区域开展首次常规科考应用。

2023年1月22日，"探索一号"科考船搭载"奋斗者"号载人潜水器，在位于东南印度洋蒂阿曼蒂那海沟最深点完成深潜作业后，成功回收，这是人类历史上首次抵达该海沟的最深点。

2023年3月11日，"探索一号"科考船携"奋斗者"号载人潜水器抵达三亚，圆满完成国际首次环大洋洲载人深潜科考航次任务，本次航行"奋斗者"号总共下潜63次。

2022年5月28日，航拍建设中的三亚南山港区（海南省图片社供图）

2024年3月28日下午，"探索一号"科考船搭载着"奋斗者"号载人潜水器返回三亚，圆满完成首次中国－印度尼西亚爪哇海沟联合深潜科考航次任务，中方与印尼方联合首席科学家共同完成了爪哇海沟最深点7180.4米（潜载深度计）的下潜任务，创造了印尼深海下潜新纪录。

2024年4月22日—5月5日，"探索二号"科考船搭载"奋斗者"号载人潜水器开展远洋科考作业，共完成7次载人深潜作业，其中2个潜次作业深度超过7700米，最大深度达到7735.9米。截至2024年5月，中国已有57人随"奋斗者"号到达7500米以下深海，我国万米深潜次数和人数居世界首位，推动深海科考领域"从进入到探测再到开发"的跨越。

深海考古联合实验室在三亚成立，进军世界水下考古研究的前沿领域——深海考古。2023年6月11日，"探索一号"科考船靠抵三亚，南海西北陆坡一号、二号沉船第一阶段考古调查工作也随之宣告结束。此次调查，中国考古工作者借助"深海勇士"号载人潜水器，将水下永久测绘基点布放在海底，开启我国深海考古的新篇章。

南海是开展深海研发和试验的最佳天然场所，存在许多已知和更多未知的宝库资源。海南正依托海洋深度优势，不断突破深海进入、深海探测、深海开发等关键技术，向深海进军、向南海进军、向海洋进军。

布局——打造海南自贸港深海科创高地

2013年10月26日，以"聚焦深海 共创未来"为主题的首届海南自贸港国际科技创新合作论坛暨深海技术创新大会在海南三亚顺利闭幕，吸引了近20个国家170家机构约400名中外代表参会。此次活动亮点之一就是深海先进技术与装备展览，来自48家单位的近200件深海利器中，有40余件展品为全国首次亮相，吸引了中外来宾频频驻足。

第一章 逐浪先行海天阔——创新之岛

三亚崖州湾畔，海南瞄准海洋强省建设目标，重点布局"一市、一城、一港"（三亚市、三亚崖州湾科技城、南山港），推进重大项目建设，努力在深海探测、深海开发方面掌握关键核心技术，发展"深蓝"特色产业，打造深海科技新高地。

打造深海科创高地已成为国家意志，是海南建设海洋强省、服务海洋强国的特殊使命。

《中共中央 国务院关于支持海南全面深化改革开放的指导意见》提出，面向深海探测、海洋资源开发利用等战略性领域，支持海南布局建设一批重大科研基础设施与条件平台，建设国家深海基地南方中心。《海南自由贸易港建设总体方案》进一步提出，依托三亚深海科技城，布局建设重大科技基础设施和平台，培育深海产业。

《三亚崖州湾科技城总体规划（2018—2035）》明确要求把三亚崖州湾科技城全面建成国家深海海洋产业新区，深海科技城深海创新中心、大学城产学研聚集地。《海南省创新型省份建设实施方案》明确要求，到2025年打造深海科技创新高地，初步建成具有国际影响力的海南自由贸易港"海"的科技创新高地。

近年来，海南在推动深海科技创新、打造深海科技新高地等方面采取系列措施，取得了积极进展。

依托三亚深海科技城，推动深海科技力量集聚。海南省深海技术实验室投入运行，同时推动建设国家深海基地南方中心。中国船舶集团、招商局集团、保利集团等8家央企入驻，中国科学院深海所、中国科学院南海所、中国地调局等3家"国字号"科研机构落地，上海交通大学、中国海洋大学、浙江大学、哈尔滨工程大学等高校设立研究院和研究生院，支撑深海产业发展。截至2024年3月底，三亚崖州湾科技城内涉海洋类企业有3664家。

稳步搭建深海进入、深海探测、深海开发等关键技术体系。围绕深海进入，海南省财政拨付专项经费，购置的"探索二号"科考船已入列，"深海勇士"号

4500米载人潜水器、"奋斗者"号全海深载人潜水器、大型深海超高压模拟试验装置等国家海洋科技重大装备落户海南。围绕深海探测，与中国船舶集团合作，推动建设深海装备实验室和深海装备科研楼，促进我国深海、深渊探测科学发展，联合中国科学院深海所建设深海科考实验研究与岸基保障平台——三亚深海科考码头。围绕深海开发，联合国家化合物样品库，建设三亚深海化合物资源中心，打造洋药物原创策源地。

面向深海探测、海洋资源开发利用等战略性领域，布局建设科技创新平台。 省部共建的南海海洋资源利用国家重点实验室获批，实现国家重点实验室零的突破；海南省深海技术创新中心围绕"小核心、大网络"深海科技协同创新体系，与国内各行业优势力量组建系列联合实验室，已推进深海虚拟现实联合实验室、深海力学联合实验室、深海照明工程技术联合实验室、深海光学探测联合实验室等联合实验室建设。

"向海图强"——10年再造一个"海上海南"

海南是海洋大省，因海而生、"向海图强"，建设海洋强省是海南义不容辞的责任。

海洋经济在海南产业经济发展中的重要地位日益凸显。"十三五"期间，海南海洋生产总值由1005亿元增长到1536亿元，年均增长8.85%。海洋旅游业、海洋油气产业、海洋航运物流业、海洋渔业等均有明显发展。

"十四五"期间，海南提出到2035年，海洋经济规模显著提升，跻身海洋经济大省行列，深海科技创新能力达到国内领先、国际一流水平，海洋经济的国际竞争力、影响力大幅提升，建成辐射能力强大的南海资源开发服务保障基地。

未来，海南将重点依托深海优势，做大深海文章，推动海洋事业和海洋产业高质量发展。比如，推动海洋渔业转型升级，引导渔民"往岸上走，往深海

第一章 逐浪先行海天阔——创新之岛

我国首个自营勘探开发的1500米深水大气田"深海一号"在海南陵水海域正式投产（海南省图片社供图）

走，往休闲渔业走"，打造南海深蓝渔业和南繁水产种业具有海南特色的海洋渔业；大力发展海洋旅游，推进近海休闲旅游、大力发展邮轮游艇旅游、探索发展远海观光旅游等海洋旅游；深入拓展海洋化工业，推动海洋油气勘探开发向深海、远海拓展；发展壮大海洋新兴产业，推动深海装备、海洋能源、海洋生命科学、海洋牧场等产业发展。

2024年4月11日，海南省人民政府主要负责人表示："海南将积极发展深海科技、海洋智能装备制造、深远海养殖等新兴海洋产业，力争今年海洋生产总值突破3100亿元。我们还有一个更大的目标，就是争取用10年时间再造一个'海上海南'。"

从"浅蓝"到"蔚蓝"，再到"深蓝"，海南"向海图强"，用"渐变蓝"，推进海洋强省、助力海洋强国。

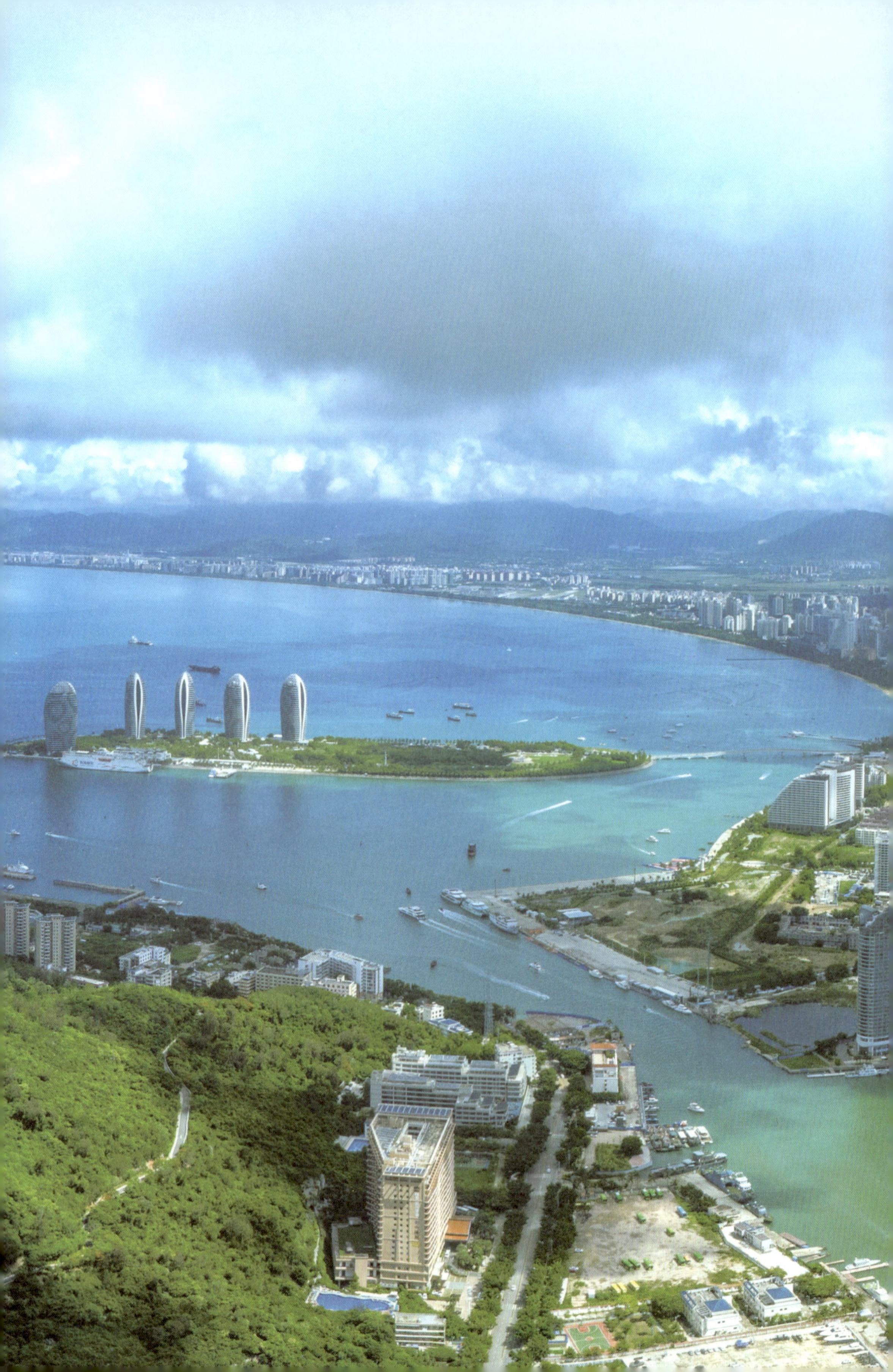

第二章

日新月异迎共富——协调之岛

　　城乡区域协调发展为构建新发展格局、推动高质量发展发挥着重要支撑作用。党的二十届三中全会指出，"城乡融合发展是中国式现代化的必然要求"，"促进城乡要素平等交换、双向流动，缩小城乡差别，促进城乡共同繁荣发展"。海南省委八届五次全会指出，"突出陆海统筹、山海联动、资源融通，推动城乡融合和区域协调发展"，"健全推进新型城镇化体制机制。坚持'全省一盘棋、全岛同城化'"。海南省委、省政府提出要加快构建"三极一带一区"区域协调发展新格局。环岛铁路、环岛高速路、环岛旅游公路、港口和机场贯通海南 12 个沿海市县，还有"丰"字形高速公路网，串联起"全岛同城化"；儋洋一体化则是开启"全省一盘棋"的关键一招，不断引领和塑造着城乡区域协调发展；三亚博后村是城乡融合发展的典范；共享农庄成为乡村振兴的重要创新举措，推动城乡协调发展。

潮起海之南

一、全岛同城化：交通一体定基础

海南提出"全省一盘棋、全岛同城化"，其目标是通过高效的交通网络建设，将岛内各市县乡紧密连接，形成"一小时交通、三小时经济圈"，促进经济发展要素在岛内自由流动，从而实现区域协调发展和海南建设的"全局最优解"。

环岛高速铁路：全岛同城化的重要引擎

海南环岛高铁的通车，标志着海南大步迈进"高铁时代"。环岛高铁是我国"八纵八横"高铁路网最南端，也是沿海通道的组成部分。环岛高铁的特点是高效、快捷、容量大，自2015年全线贯通以来，不仅改变了海南省内的交通基础设施的面貌，更成为推动海南"全省一盘棋、全岛同城化"的重要引擎。

这条连接海口至三亚的主要高铁路线，环线全长约653公里，设计时速可达250公里，使得海口到三亚的最短旅行时间从原先的3小时缩短至1.5小时。这种明显的时间节省大幅提高了人员和资源流动的效率，同时促进了省内城市间的更紧密的经济一体化进程。环岛高速铁路的正式运营大大促进了海南的旅游经济发展，推动全岛同城化效应显现。

通过提供快速便捷的出行选项，环岛高铁加强了岛内居民之间的联系，促使更多居民有机会参与到各类社会文化活动中。大城市的学校、医院等公共服务可及性得到改善，特别是对居住在偏远地区的居民来说，他们现在能更便利地获得这些更优质的公共服务。

著名主持人敬一丹说："第一次来海南，就被它得天独厚的自然生态环境所吸引，并经常向身边的朋友推介海南。"近年来，海南国际旅游岛建设突飞猛进，也让敬一丹在日常新闻报道中给予了特别的关注和期许。敬一丹说："我也挺希望在我们的新闻里，不光有硬的经济指标，也会有让人感觉非常柔性的人的形象，海南人、老海南人、新海南人这种移民色彩，就使得文化在交叉，人的形象也特别地多变，我们也希望通过媒体来认识他们。"海南的黎苗少数民族文化是一种非常宝贵的人文财富，作为媒体人，敬一丹曾多次走进海南少数民族聚集区，将黎苗特色文化呈现给观众。随着海南环岛高铁建成通车，海南中西部地区的黎苗文化将会被更多人所了解。

王先生在乐东黎族自治县利国镇做服装生意，海南环岛高铁开通后，他经常坐高铁到海口等地进货。"以前从乐东到文昌坐车需要 5 个多小时，现在坐高铁只需要 2 个多小时，环岛高铁让我们的出行越来越方便。"王先生兴奋地讲述着自己的体会。

环岛旅游公路："国家海岸一号风景道"

"快进慢游"助游客一路畅游滨海风光，是环岛旅游公路的初心和使命。环岛旅游公路被定位为"国家海岸一号风景道"，像一个令人目不暇接的风景长廊，连接着 12 个沿海市县，沿着环岛旅游公路旅行已经成为当下游客在海南度假休闲的一个重要选择。

环岛道路最早可追溯到秦汉时期，这条古道在明初已经成为传递官府公文的重要环岛驿道。2023 年 12 月 18 日，海南环岛旅游公路全线通车，全长 988

潮起海之南

位于海南东线高速公路万宁市和陵水黎族自治县交界处的牛岭隧道（海南省图片社供图）

公里，途经全岛 12 个沿海市县，沿途经过了 9 类 84 段景观区域，连接了 170 余项文化类旅游资源，成为连接海南省内各大城市和旅游景点的关键要道。

在文昌紧靠木兰湾的林梧村，沙地资源丰富，种出来的板栗地瓜口感香甜粉糯，深受消费者青睐。但好地瓜也怕深巷子。"我们的地瓜卖得好，但运出去成本也高，大家都希望能有条路通进来。"文昌市铺前镇林梧村村干部说。如今，

环岛旅游公路把游客带进来了,地瓜卖出去也更方便了。环岛旅游公路开通后,越来越多游客来到木兰湾,从这里推出的"农业 + 研学"旅游也初具规模。"如今木兰湾地瓜名气越来越大,我们打算扩大种植规模,让更多村民受益。"海南文昌木兰湾生态农业科技有限公司负责人介绍。

环岛旅游公路给沿途市县带来了致富机会。被誉为"中国富硒地瓜第一村"的桥头镇沙土村加紧布局旅游业态,一方面扩大桥头地瓜休闲村餐饮店面,更新地瓜小吃和地瓜饮品等食品种类,一方面以地瓜元素和海洋元素为主拓展乡村一日游产品。

看到海南环岛旅游公路的前景,此前投资和经营樊登书店及相关文旅行业的吴经理在海南成立了一家从事海南环岛旅游公路房车旅居和露营产业的公司,接下来将依托环岛旅游公路驿站的房车营地打造具有海南地域特色和文化内涵的系列旅游产品,沿环岛旅游公路开发中长期房车旅居产品,打造海南环岛旅居的新旅游品种。

潮起海之南

二、儋洋一体化：港产城融合促发展

2022年4月12日，习近平总书记在视察洋浦时指出："儋州因洋浦而更加开放，洋浦因儋州而更有深度。"儋洋一体化是海南自由贸易港奋力打造的"样板间"，是推动"全省一盘棋、全岛同城化"的重要一招，其目标是通过各项政策支持和加快各类基础设施建设，促进儋州市与洋浦的深度融合，将其进一步打造成海南以高水平对外开放带动高质量发展的示范区。

2022年5月，海南省委、省政府出台《关于支持儋州洋浦一体化发展的若干意见》，计划将儋洋经济圈发展为海南自由贸易港港产城融合发展的先行区和示范区，强调了儋洋一体化高标准建设的重要性，并借鉴国际成功案例建设开放型经济体制。海南省委八届五次全会指出，"发挥洋浦作为海南自由贸易港'样板间'的示范引领作用，全面提升儋洋经济圈聚合效应"。

为实现这一愿景，海南省政府制定了《环新英湾地区国土空间规划（2021—2035年）》，该规划明确了一系列发展目标，包括构建"一城、三园、四组团"的城镇发展格局。

此外，海南省委、省政府还推出了28条政策措施，包括海南深化体制改革创新、构建现代产业体系等，以确保政策的全

面落实和儋洋一体化的顺利推进。在政策的持续推进和基础设施的升级改造下，儋洋一体化已经开始展示其初步成效，预示着更广泛的经济和社会效益的实现。

经济蓝图：以物流园区激活产业协同

在海南岛的西北角，儋州与洋浦两个地方的名字如今常常被一起提起，它们正携手同行，共同勾画一幅"前港中区后园"的产业蓝图。

洋浦经济开发区国际集装箱码头（海南省图片社供图）

洋浦，这个昔日的渔村，如今已是一片繁忙景象。码头上，货轮穿梭，吊车忙碌；产业区内，工厂林立，机器轰鸣；物流园里，仓库整齐，货车来去匆匆。深国际物流港的海南合立物流园，占地广阔，设施先进，成了这片繁忙景象中的亮点。它不仅为海南带来了更高效的物流服务，还吸引了一大批与港航、石化、智能制造相关的企业聚集于此。

儋州，这个有着悠久历史的城市，在海南省委、省政府的支持下，大力推进产业升级和区域协调发展，正焕发着新的活力。环湾区成了新的建设热土。润泽自贸港国际数据产业园、深儋科创中心等一个个重大项目，如同一颗颗明珠被精心镶嵌在这片热土上。新的学校、新的社区，为这里带来了人气和活力。自儋洋一体化战略实施以来，这里的商业环境日益改善。新的企业如雨后春笋般涌现，儋洋园区的发展计划围绕洋浦自贸港建设先行示范区的定位，加快构建现代化产业体系。

将物流园区逐步打造成为洋浦物流产业的核心，推动上下游产业加速聚集和融合发展，从而在港航物流、石化新材料和先进制造产业中发挥核心作用是海南省推进实施相关计划的主要目标。

洋浦石化产业发展迅速，尤其是在建设特种油品、芳烃、烯烃三路并行的石化新材料全产业链国际化基地方面取得了显著进展。这种规模的扩展不仅提升了洋浦的产业实力，还优化了洋浦现有"基础+特色+高端"的产业结构，并在推动产业链延长方面发挥了重要作用。此外，洋浦还大力推进了海上风电、光伏发电、生物质能等清洁能源的发展，加速向绿色低碳方向转型。

洋浦经济开发区的扩建和优化不仅展示了儋洋一体化在推动产业发展上的巨大潜力，而且通过国际集装箱码头等关键基础设施的建设升级，进一步强化了洋浦港作为国际航运枢纽的竞争力。洋浦区域国际集装箱枢纽港的扩建工程，于 2023 年 1 月正式开工，预计总投资超过百亿元人民币，计划建设 4 个 20 万吨级和 1 个 15 万吨级的集装箱泊位。这些泊位的建设将显著提高洋浦港的年处

第二章　日新月异迎共富——协调之岛

理能力，以满足全球最大集装箱船的目标需求，预计建成后，洋浦集装箱年通过能力将超过 500 万标箱，显著提升港口的全球服务能力和效率，以及作为国际航运中心的功能。

2024 年 3 月 22 日，航拍环新英湾，工厂企业林立，港口繁忙（海南省图片社供图）

强基提速：加快优化交通网络

在儋洋一体化的蓝图下，儋州与洋浦携手，力求在"软件"与"硬件"之间找到平衡，打破地域的隔阂，构建起交通运输和基础设施的互联互通，为儋洋一体化提供坚实的支撑。

潮起海之南

在海南省委、省政府的精准谋划下，环新英湾区内的 30 个重大交通项目，如同一盘棋局，总投资高达 751.9 亿元。公路的建设如同一根根丝线，将各个节点紧密相连。环新英湾旅游公路、洋浦疏港高速公路、环新英湾快速干道等 12 条公路，如同大地的脉搏，开始跳动。自贸港新城的路网，30 余条线路，稳步推进，编织出一张内通外达的交通网络，实现了 30 分钟通勤的便捷。

洋浦疏港高速公路，这条连接洋浦港与海南主要交通干线的纽带，对于提升港口的运营效率意义重大。海南省交通投资控股有限公司的工程部技术员吴先生，他的眼神中闪烁着对未来的憧憬。他介绍的项目是海南最宽的高速公路，双向八车道，它的建成将大大提升通行速度。

黎先生是儋州市政协委员、市研学旅行协会负责人，他的手指着新闻中播出的项目规划图，眼中满是兴奋。他的家乡木棠镇，即将迎来第一条高速公路。他拿出电子版儋州地图，快速画出一个椭圆形的圈，那是北岸地区的轮廓。北岸地区，曾是被遗忘的角落，如今，随着海南环岛旅游公路儋州段的贯通，这里的交通条件得到了极大的改善，为发展注入了新的活力。

海南中远海运能源运输有限公司的"连杉湖"轮，缓缓驶入洋浦港，成为新的成员。零关税的优惠政策，如同春风，为公司省下亿元税费。一艘艘船舶，在这里转籍、在这里注册，23 艘国际船舶，载重量达 448 万吨，它们是洋浦港的坚强支柱。

海南中远海运能源运输有限公司以其庞大的船队成为航运业的领头羊，海南自贸港带来的机遇，如同灯塔指引着公司前进的方向。更多的运力落户洋浦，将助力儋洋一体化的高质量发展。洋浦，这座港口城市，正以开放的胸怀，迎接属于它的黄金时代。

开放与接轨：儋洋国际合作加速发展

在儋洋一体化的宏大格局中，洋浦经济开发区借助海南自由贸易港的政策东风，成为吸引国内外投资的磁石。税收优惠和金融支持政策，如"两个15%"的所得税优惠政策，以及内外贸一体化的措施，吸引企业纷纷落户于此，产业发展的步伐也随之加快。

企业落户洋浦的故事里，加工增值免关税政策总是被频频提及。洋浦国际投资咨询有限公司健康产业部的高级经理谈到这项政策时，眼中闪烁着光芒。以进口肉类为例，他说，洋浦建厂能为企业省下可观的关税成本。海南红焱食品有限公司的总经理也算了笔账，以加工成本来说，洋浦的关税比内地低约8%，这意味着每吨牛肉能节省3200元左右。

儋州市洋浦经济开发区保税港区的海南澳斯卡国际粮油有限公司车间（海南省图片社供图）

在洋浦，企业不仅能节省进口关税，还能享受进口设备的零关税，以及15%企业所得税率。自由贸易港多项政策的叠加，使得企业的运营成本大幅降低。

海南洋浦涛壹国际贸易有限公司的总经理说，公司已享受到政策扩区的红利，对未来的发展充满信心。洋浦的吸引力不仅在于政策优势，其港口和区位优势同样重要。海南自由贸易港的建设为企业提供了巨大的发展空间和无限商机。洋浦作为西部陆海新通道的关键节点，其内外贸航线网络发达，连接了印太两洋，不仅便于企业进口原材料，也方便将产品迅速销往世界各地。

洋浦国际集装箱码头的扩建工程，为这座港口注入了新的活力。扩建后的码头，年吞吐能力将达560万标箱，较之前增长了约40%。新添的4个20万吨级和1个15万吨级的集装箱泊位，让洋浦港有了迎接世界最大集装箱船舶的能力。

新的国际航线，如同一条条丝带，连接着亚太、西非等关键贸易区域，加强了洋浦与全球市场的直接联系。这些航线的开通，提高了国际贸易的效率，为地区经济的开放和发展开启了新的篇章。海南省委八届五次全会提出，推进洋浦港与阿布扎比港"一带一路"姊妹港建设。洋浦港，这座位于海南的港口，正以更加开放的姿态，迎接来自世界各地的船舶，成为连接东西方的桥梁，促进了全球贸易的繁荣。

在深化营商环境和制度集成创新的进程中，洋浦经济开发区正稳步前行，书写着吸引国际合作和外资的新篇章。优化营商环境，不仅为洋浦带来了更高的投资吸引力，还为与国际经济体系的接轨、跨境商业活动和技术交流搭建了坚实的桥梁。洋浦经济开发区，作为省级营商环境示范园区的先行者，正加速其发展步伐。

一项为期三年的行动计划已经启动，旨在推动洋浦省级行政审批权限的拓展，覆盖儋州全域。洋浦的营商环境评价在全省排名第三，综合信用指数在全国的排名上升了177位，这些数字背后，是洋浦在优化营商环境方面的显著进步。

刘先生是一名来自四川的研究生，2023年怀揣着对海南自由贸易港建设的向往，以及对这里宜人气候和人才政策的认可，加入了营商环境建设局，成为一名中级政府雇员。他的工作，涉及排污许可、城镇污水排入排水管网许可、水务等审批工作，以及处理审批12345热线平台的回应。当洋浦食品有限公司面临重新申请排污许可证的问题时，刘先生与第三方服务机构携手，主动提供帮助，亲自指导企业填报噪声信息，以确保企业能够尽快取得排污许可证。他的专业性和对细节的关注，为企业解决了大难题，也展现了洋浦在营商环境优化上的成果。

洋浦，这座正在崛起的经济开发区，正通过不断深化营商环境和制度集成创新，吸引着世界的目光，成为国际合作和外资的新热土。在这里，每处细节的改进，都在为未来的繁荣添砖加瓦。

区域均衡：就业与收入增长双促进

儋洋一体化的推进，影响着儋州、洋浦的方方面面。2023年儋州市工业总产值增长了28.7%，货物进出口总额达到了1076亿元，这些数字的背后，是地区经济活力的真实写照。金融和基础设施的建设也乘着这股春风，加速推进，服务业的发展势头更加强劲。

就业市场也感受到了这股暖流，新增的城镇就业和农村劳动力转移就业人数创下历史新高，人均可支配收入也随之增长。这些变化，不仅体现在数字上，更体现在人们的生活中，让更多的家庭享受到了经济发展的成果。儋州对人才的渴求从未如此迫切，各种招聘活动如"百场万岗"吸引了众多英才的目光。

马先生这位"95后"年轻人，带着对未来的憧憬，参加了在上海举办的招聘会，他看中的不仅是专业对口的工作，更是儋州、洋浦广阔的发展前景和无

潮起海之南

限机遇。

招聘会上，儋州市教育局带来了30个岗位，期望通过人才招聘，提升教师队伍的素质结构，为教育质量的提升提供人才保障。陈小姐是上海应用技术大学的应届毕业生，怀揣着为儋州发展贡献自己力量的梦想，前来应聘疾控中心的检验岗位。

三、三亚博后村：城乡融合促振兴

党的十八大以来，海南城乡统筹力度不断增强，城乡融合发展步伐持续加快，城乡一体化发展水平大幅提升，特别是脱贫攻坚和乡村振兴战略实施，完善了农村地区基础设施、提高了农民生活水平。博后村的蝶变之路，是海南城乡融合发展的有力证明。

"小康不小康，关键看老乡"

博后村是三山环抱、临海而建的黎族聚居村庄，虽然背靠风景秀美的亚龙湾，但曾经却经济发展落后，村民生活困难。十年前，村里的道路坑坑洼洼，晴天一身土，雨天两脚泥。房屋多为茅草屋，生活条件艰苦。村民守着这块"种啥啥不灵"的盐碱地，收成还不够填饱肚子，致富更无从谈起。

2013年，习近平总书记来到位于博后村的亚龙湾兰德玫瑰风情产业园考察，提出了"小康不小康，关键看老乡"这一重要论述，为我国全面建成小康社会，解决"三农"问题指明了方向，也极大地鼓舞了博后村的干部群众，点燃了村民脱贫致富的希望。

自那以后，博后村的发展翻开了崭新的一页。村庄的改造从基础设施建设开始，进村的道路拓宽了，电商服务站、超市、咖啡厅等开到了村民家门口。

村路畅通，疏通了村子的发展脉络，也打开了村民的发展思路。水泥村道从"0"条变为"8"条，连接了村子内外。村里的医疗条件好了，看病能报销了，养老更有保障了。

博后村的改造不仅仅是物质层面的，更是精神层面的。村民的心更齐，乡风更加文明淳朴，美丽乡村建设更有精气神。村民不仅鼓了口袋，还富了脑袋。以前小卖部里麻将声不停，现在大家都忙着干活挣钱。村民闲下来跳跳广场舞、品品茶，乡风愈加文明，村民的眼界也越发开阔。

2018年，博后村被评为海南省的五星级美丽乡村。如今，博后村村民年人均可支配收入近3万元，667户人家全部实现在本村就业。在外打工的村民全回来了，大伙儿在家门口吃上了"旅游饭"。博后村的蝶变，是海南乡村振兴的鲜活缩影。博后村不仅改善了村民的生活条件，还成为海南具有代表性的美丽乡村之一。

民宿：村民吃上旅游饭

博后村民宿产业的兴起，为村庄聚集了人气，也带动了相关配套产业发展。村民纷纷回村创业，又进一步推动了民宿及其相关产业的发展，村庄的经济活力被彻底激活。博后村的旅游"一条龙"服务商店鳞次栉比。截至2024年，村里已经开了74家民宿，共有2000多间客房，成为海南最大的民宿村之一。

博后村的夜晚，人气不减，民宿驻唱歌手深情的歌声，以及特色小吃升腾着的热气，交织出活力四射的博后村夜景。乡村旅游及其衍生经济已成为博后村的支柱产业，2023年全村民宿共接待游客约100万人次。博后村正通过民宿产业改变村庄面貌。这些民宿，融合了现代舒适与黎族文化，成为游客探索三亚的温馨驿站。游客络绎不绝，民宿业也蓬勃发展。村内的道路整洁宽敞，两

第二章　日新月异迎共富——协调之岛

2023年3月14日，俯瞰博后村民宿群（海南省图片社供图）

旁绿树成荫，风格各异的民宿吸引着游客前来体验。

谭先生是村里第一个"吃螃蟹"的人。他拿出在广东打工10年攒下的全部积蓄，租下二叔、三叔的老宅，开起了民宿。开业第一年，几乎天天满房，节假日更是一房难求。第二年本金就赚回来了。民宿的成功，让老乡们看到了一条致富新门路。

政府和民营企业联手是博后村蝶变的秘诀。政府、民企和当地群众一起将民宿打造成旅游亮点，并与潜水、徒步游、文化体验等活动相结合，为游客提供全方位服务。博后村还成立了民宿协会，制定了章程，让整个行业有了统一

51

潮起海之南

的规范。截至 2023 年年底，博后村的集体经济收入突破了千万元大关，成为三亚民宿行业的佼佼者。

博后村的民宿产业，不仅是村民的致富之路，也是村庄走向共同富裕的缩影。民宿产业的发展，让村民看到了新的希望，也让他们的生活发生了翻天覆地的变化。民宿产业的兴起，让博后村的村民吃上了"旅游饭"，也让他们的生活越来越美好。

2023 年 3 月 18 日，在三亚博后村的民宿，游客们拍照打卡（海南省图片社供图）

公共服务城乡均等化

在博后村，公共服务设施的改善是显而易见的，尤其是在医疗设施的改善上。新建的医务室宽敞明亮，占地 200 平方米，配备了心电监护仪、血糖仪等现代医疗设备，以及必要的急救设施，极大地提升了健康管理和急救能力。医务室里有资质齐全的医务人员，能够随时为村民提供基本医疗服务。此外，博后村与三亚市中心医院建立了合作关系，每季度都有专业医生团队到访，为村民提供全面的健康检查和疾病预防指导。这对于慢性病患者来说，是一大福音。

博后村将村里两所学校合并，成立三亚市吉阳区博后小学。学校的扩建和设施的升级，为学生创造了更好的学习环境。新建的教学楼宽敞明亮，每个教室都配备了智能黑板和空调，食堂也扩建了，能容纳 200 名学生同时就餐，还配备了现代化的厨房设备。学校新增的多功能教室，配备了计算机、音乐设备和各种体育器材，为学生提供了学习多种技能的机会。这些设施的增设和升级，不仅提升了教育质量，也极大地丰富了学生的校园生活，助力他们全面发展。

四、共享农庄：农业创新助共富

共享农庄是共享经济的一种新形态，在不改变产权归属的前提下，最大限度地运用土地、农房等资源的租赁权和使用权，通过"企业带动－土地入股－农民参与"模式共同开发建设村庄。在海南岛的广袤田野间，共享农庄如同一颗颗璀璨的明珠，点缀在绿水青山之间。这些农庄不仅是乡村振兴的新引擎，更是农民增收致富的新希望。海南共享农庄的故事，是一段段关于创新、合作与共赢的故事。

早在 2017 年，海南便在全国率先提出了建设共享农庄的概念，意在通过创新模式整合农业资源，推动农业与旅游、文化和教育的深度融合，实现农业经济的多元化发展。根据《关于以发展共享农庄为抓手建设美丽乡村的指导意见》和《关于进一步支持共享农庄发展的十一条措施》两个政策文件，政府提供了明确的方向指引和政策支持，包括财政资助、税收优惠、土地政策及技术和市场开发的指导。截至 2024 年 10 月，海南建成并认定了省级共享农庄 73 家，这些共享农庄不仅涵盖传统农业种植，还融合休闲旅游、文化体验等功能，形成了独特的农业新业态。

一、二、三产业融合在农庄

儋州的嘉禾共享农庄是具有典型性的共享农庄，通过引入先进的农业技术和创新的运营模式，将一个传统的农业生产基地转变成一个综合性的现代农业示范区，已成为海南乡村振兴的一个亮点。嘉禾共享农庄自 2013 年启动以来，已成为推动地区经济和社会发展的典范。该项目通过创新的运营模式，不仅促进了农业现代化，还为乡村振兴提供了新的路径。在短短 5 年间，嘉禾共享农庄在儋州 10 个镇帮助了 7632 户、38182 人脱贫，显示出其巨大的社会效应。

儋州南丰镇的喜禾热带水果主题公园（海南省图片社供图）

在保亭的雅布伦·享水谷共享农庄，政府、企业、农户三方共享收益，建立互利共赢合作模式。农庄为南春新村村民免费提供别墅型安置房，交房时村民直接拎包入住。一方面，村民住上免费新居，家门口就业助增收，土地共享保底有分红，生活水平得到提升。另一方面，企业整合多方资源，围绕生态旅游、康养、民宿度假、新型农业生态开发等，实现村落变景区、资源变资产、农民变股东、生态变业态，实现共享农庄可持续发展。

在海口的金棕榈共享农庄，银椰级认证不仅是对其品质的认可，更是对其发展模式的肯定。农庄内，色彩斑斓的三角梅花丛间游人如织，游客在这里踏春赏花，体验露营和房车旅行，享受田园生活的浪漫和乐趣。

在文昌的龙泉乡园共享农庄，这里的成功转型为乡村带来了新活力。农庄利用优质独特资源打造研学教育平台，为学生进行实践教育，重视农业种植、果蔬采摘项目，大力宣传琼剧文化。这种模式不仅带动了当地旅游业的发展，也让不少村民吃上了"旅游饭"。

共享农庄的成功，离不开政府的政策支持。海南省政府陆续出台了一系列文件，从规划、报建、审批、资金、服务保障等方面予以支持，对符合条件的省级共享农庄最高奖补500万元。这些政策如同春风化雨，滋润着共享农庄的发展。

在金融支持方面，海南农信社出台《海南省农村信用社金融支持共享农庄发展十一条措施》，海南地方金融监督管理局推动金融机构推出共享农庄"极速贷""批量贷"，并探索以有机茶为质押物推出信贷产品，这些金融创新举措有效缓解了共享农庄的融资难题。

共享农庄的发展不仅带动了农户增收，还促进了农民就业。2023年，海南共享农庄带动农户4.49万户，带动农民固定就业11.5万人次。海南积极探索农民参与的共享机制，拓宽联农带农渠道，探索村企合作共建共赢模式、利益共享分配模式、订单生产带动农户模式。

海南共享农庄的故事，是关于创新与合作的故事，是关于乡村振兴与共同富裕的故事。共享农庄的建设，不仅提升了乡村的经济活力，还丰富了乡村的文化内涵，有效融合热带高效农业种植、乡村休闲旅游、芳香产品研发及生产、芳香文化体验，实现一、二、三产业的融合发展。这些共享农庄如同一颗颗希望的种子，播撒在海南的田野间，生根发芽，开花结果，为海南的乡村振兴注入了新的活力和动力。

"共享"助力乡亲们共同富裕

共享农庄的兴起带来了新的发展机遇。这些共享农庄通过整合农业资源、引入现代管理理念，将传统农业生产与现代旅游业结合，创造出一种全新的农业发展模式。在这些农庄中，农民不再是单纯的农业生产者，而成为旅游业的参与者和受益者。

共享农庄正成为乡亲们共同富裕的新途径。通过共享农庄的发展，农民不仅有了更多就业机会，还通过土地流转、分红等方式增加了收入。乡村的面貌也在悄然改变，原本单一的农业生产模式被打破，取而代之的是多元化的农业新业态。这些变化，让乡亲们看到了共同富裕的希望，也让海南的乡村焕发出新的生机与活力。

共享农庄的建设，不仅提升了乡村的经济活力，还促进了乡村的社会和谐。在这些农庄中，农民通过参与农庄的建设和运营，不仅提高了自身的技能和素质，还增强了对乡村发展的信心和归属感。乡村的凝聚力和向心力得到了显著增强，乡村社会变得更加和谐稳定。

海南共享农庄的兴起，为乡亲们提供了一条走向共同富裕的新路径。这条路径不仅充满了机遇和挑战，更充满了希望和梦想。通过共享农庄的发展，乡亲们不仅实现了经济上的增收，更实现了精神上的富足。海南的乡村，正朝着共同富裕的目标稳步前进。

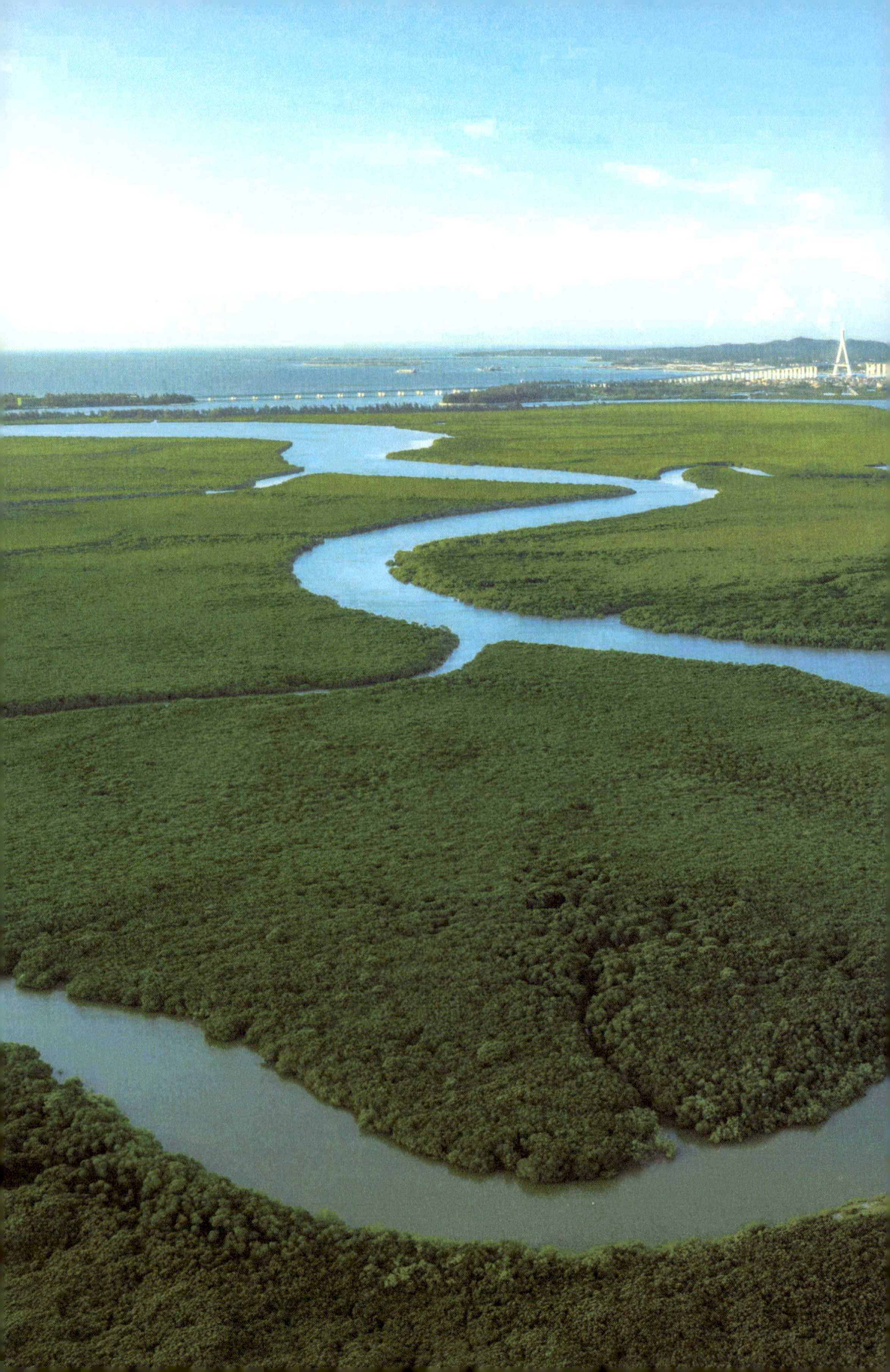

第三章

人与自然和谐共生——绿色之岛

"中国式现代化是人与自然和谐共生的现代化。"尊重自然、顺应自然、保护自然是全面建设社会主义现代化国家的内在要求。从波光粼粼、碧水蓝天的海岸线，到林海茫茫、云雾缭绕的热带雨林，海南有着独特的生态系统与自然资源。如何守住自然生态这一宝贵财富，是海南生存和可持续发展的重要课题。近年来，海南聚焦优势所能和国家所需，以深入推进国家生态文明试验区建设为抓手，持续推进热带雨林国家公园、清洁能源岛、零碳示范区、装配式建筑、禁塑、"六水共治"等6项国家生态文明试验区标志性工程，其中海南装配式建筑使用面积占新建建筑面积的比重为70%，位居全国第二。海南正在协同推进降碳、减污、扩绿、增长，用一幅幅生态美景交出了海南推进生态文明建设的答卷，为建设人与自然和谐共生的美丽中国作出海南贡献。

潮起海之南

一、守护"国宝":共绘绿水青山画卷

  海南热带雨林国家公园,是海南岛的生态安全屏障,既承担着热带生物多样性和遗传资源的保护重任,也发挥着涵养水源、保持水土、固碳释氧的重要

五指山雨林晚霞全景(海南省图片社供图)

功能。2022年4月，习近平总书记在海南考察时指出，"热带雨林国家公园是国宝，是水库、粮库、钱库，更是碳库，要充分认识其对国家的战略意义，努力结出累累硕果"。近年来，海南在管理体制机制、生态保护修复等方面不断探索创新，持续推动热带雨林国家公园建设一系列举措落地生根，全力守护好地球家园的自然瑰宝，打造人与自然和谐共生的典范。

成立海南热带雨林国家公园

在北纬18度到23度之间环绕地球一周会发现，在中国的版图上，一片热带雨林恣意生长。

这是我国最南端的森林，也是我国唯一的岛屿型热带雨林——海南热带雨林。它是我国分布最集中、类型最多样、保存最完好、连片面积最大的大陆性岛屿型热带雨林，是全世界、中国和海南独有的动植物种类及种质基因库，是热带生物多样性和遗传资源的宝库，也是全球最濒危灵长类动物海南长臂猿唯一分布地，具有国家代表性和全球性保护意义。

2018年4月13日，习近平总书记在庆祝海南建省办经济

潮起海之南

特区 30 周年大会上指出，要积极开展国家公园体制试点，建设热带雨林等国家公园，构建归属清晰、权责明确、监管有效的自然保护地体系。

沿着习近平总书记指引的方向，海南始终把建设热带雨林国家公园视为"国之大者"，从此开启了海南热带雨林国家公园建设的新征程，让这片雨林走上了更系统、更完整的保护与修复之路。海南聚焦国家公园制度创新，通过理顺管理体制、创新国家公园运营机制、健全法治保障、强化监督管理等举措，把"国之大者"落实到具体工作中。在生态资源保护、自然资源确权登记、科研监测、生态产品价值核算等方面取得了实质性突破，推动海南生态家底越来越丰厚。

2019 年 1 月 23 日，中央全面深化改革委员会第六次会议审议通过《海南热带雨林国家公园体制试点方案》。

2021 年 10 月 12 日，习近平总书记以视频方式在联合国生物多样性公约第十五次缔约方大会领导人峰会上向世界宣布我国正式设立海南热带雨林等首批 5 个国家公园。

2022 年 4 月 11 日，习近平总书记深入海南热带雨林国家公园五指山片区，指出海南要坚持生态立省不动摇，把生态文明建设作为重中之重，对热带雨林实行严格保护，实现生态保护、绿色发展、民生改善相统一，向世界展示中国国家公园建设和生物多样性保护的丰硕成果。

2022 年 12 月 28 日，海南热带雨林国家公园自然资源确权登记完成登簿，成为全国首个完成自然资源确权登记的国家公园。

2023 年 8 月，国家林草局正式批复《海南热带雨林国家公园总体规划（2023—2030 年）》，明确了科学的时间表和任务图。

2023 年 12 月 29 日，历时两年拍摄制作的《中国海南·雨林秘境》在央视纪录频道播出，从雨林景观及植物、动物、人与自然等多维视角展现了海南热带雨林的独特性、稀缺性、神秘性。

2024年4月3日，海南省林业科学研究院公布海南热带雨林国家公园2022年度GEP(生态系统生产总值)核算结果，为2080.4亿元，较上年度增加超12亿元。这是海南连续4年开展国家公园GEP核算⋯⋯

海南将始终践行习近平生态文明思想，深入贯彻落实习近平总书记关于国家公园建设的重要讲话和指示批示精神，按照党中央、国务院决策部署，高质量推进国家公园建设，为加快构建统一规范高效的中国特色国家公园体制作出海南贡献。

跋山涉水守护"国宝"

海南热带雨林到底有多少种植物？有多少种动物？有什么价值？有哪些安全隐患？

为寻找这些答案，有这样一群"山人"常年生活在热带雨林深处。他们每天穿梭在荆棘丛生、陡峭难行的热带雨林中，为的是及时监测雨林里的动植物变化、消除安全隐患，发现和驱逐闯进雨林里的盗猎、盗采者，还要随时应对蟒蛇、眼镜蛇、蜈蚣、山蛭、毒蜂等有毒动物的不期而至⋯⋯他们就是热带雨林的守护者。

他们是与山做伴的本地山民，是远道而来的异乡人，是半路出家的护林员，也是学识渊博的专家⋯⋯走进大山改变了他们的命运。

1967年出生在霸王岭的郑海强，从记事起就"泡"在这片密林里，是资深"山人"，雨林里的一些鸟把他当成了"自己人"，在他面前悠然觅食。

1983年来到尖峰岭的湖南籍大学生李意德，让自己像一棵树般扎进了深山，陆续和同事在尖峰岭设立了50个固定样地和164个公里网格样地，覆盖尖峰岭腹地1.6万公顷热带雨林。

2007年来到鹦哥岭的27名大学生，为了鹦哥岭的生物多样性监测和保护付出了整个青春，他们用心用情吸引了越来越多的村民加入护林员队伍。

海南热带雨林国家公园位于海南岛中部，区划总面积 4269 平方公里，涉及五指山、琼中、白沙、东方、陵水、昌江、乐东、保亭、万宁等 9 个市县，包括五指山、鹦哥岭、尖峰岭、霸王岭、吊罗山 5 个国家级自然保护区和黎母山等 4 个国家级森林公园，南高岭等 6 个省级森林公园，森林覆盖率 95.86%。

如何守护好热带雨林这个"国宝"，除了需要顶层设计，更离不开护林员们日复一日的守护。他们每天巡护的路程最远的近 30 公里，其中需要步行的里程有 20 多公里，较近一些的也有 10 公里。这些道路往往狭窄而湿滑，看似不起眼的几公里山路要花上大半天的时间。然而，这种体力的辛苦对护林员来讲并不值一提，更多的是各种危险随时都会出现，或是突遇蟒蛇、眼镜蛇等危险动物，或是不慎被盗猎者放置的"山猪钳"夹住……

作为热带雨林国家公园的旗舰物种，海南长臂猿是中国特有物种，对栖息地生态环境的要求非常高，目前仅栖息在霸王岭核心区的原始雨林中，一度濒危到只剩下 7 至 9 只，被称为"人类最孤独的近亲"。海南长臂猿喜欢在海拔 400 米至 800 米的沟谷雨林生活，但由于低海拔栖息地被破坏，现有种群不得不迁徙至海拔 800 米至 1200 米的山地雨林内。

每天清晨，霸王岭的雨林中都会传来海南长臂猿高亢嘹亮的鸣叫声。靠着海南长臂猿清晨鸣叫的特性，护林员们闻声辨猿，展开追踪。他们常常背着设备和一周的干粮，在凌晨 4 点起床，从山坡一路追到山谷，从晨曦一路追到日暮，从酷暑天一路追到台风季。

过去几十年，研究人员和护林员们一直在巡山中努力守护海南长臂猿及其栖息地。国家公园建设以来，海南长臂猿得到前所未有的严格保护。人工林处置、小水电站清退、栖息地修复、生态红线、组建专职监测队伍等努力将人类生存空间让给热带雨林。截至 2024 年 6 月，海南长臂猿种群数量恢复至 7 群 42 只。

第三章 人与自然和谐共生——绿色之岛

2023年6月15日，在海南热带雨林国家公园霸王岭片区，海南长臂猿从婴猿成长至幼猿后，毛色变成了黑色（海南省图片社供图）

  2019年以来，海南热带雨林国家公园内至少已发现新物种54种。2021年，在第七届世界自然保护大会和《生物多样性公约》第十五次缔约方大会上，海南热带雨林国家公园分别向全球发布海南长臂猿保护案例，赢得国际社会广泛认可。这一被称为"中国智慧、海南经验、霸王岭模式"的保护经验，被诸多国际专家认为，对全球20种长臂猿乃至灵长类保护具有借鉴意义，对长臂猿栖息地热带雨林的保护管理具有参考作用，对促进全球生物多样性保护等具有启示意义。

潮起海之南

绿水青山绘出最美底色

"来这边坐下歇会儿，尝尝我们的五指山大叶茶，免费的哦！"对于走进五指毛纳村的游客，当地村民都会邀请他们去自家茶铺品茶。

今年五一，毛纳村游人如织，或品茶，或欣赏山水美景，或体验竹竿舞，悠然自得。游客在这里尽情享受到了天然的大氧吧和民族风俗，村民则在家门口吃上了旅游饭，共同谱写出一曲美好的旅游乐章。

2023年11月1日，五指山市水满乡毛纳村有着绿水青山的好生态（海南省图片社供图）

第三章 人与自然和谐共生——绿色之岛

昌江黎族自治县王下乡"十里画廊"（海南省图片社供图）

  黎族聚居的五指山水满乡毛纳村，位于海南五指山主峰山脚下，被海南热带雨林国家公园环抱。过去，毛纳村村民主要是外出打工。近年来，毛纳村通过因地制宜发展大叶茶特色产业和乡村旅游业，越来越多的村民回村就业，走上了生态美、产业兴、百姓富的发展新道路。

  从五指山水满乡到昌江王下乡，再到保亭响水镇，对这些国家公园周边的村镇，海南通过积极培育生态旅游、康养等新业态，鼓励当地依托热带雨林生态环境资源和特色文化优势，建起了一个个美丽乡村、生态小镇。"国家公园"四个字，成了各个片区的烫金招牌，村民旅游收入、人均收入不断攀升，实现绿水青山转化为金山银山。

  海南热带雨林不仅是野生动植物的天堂，同样也是人类的乐土。3000多年前，这里是黎族人的休养栖息之地。经过几千年的历史沉淀与民族发展，人类活动已经成为热带雨林不可或缺的组成部分，并形成了独具民族风格的文化习俗。海南在推进国家公园建设中，一直努力在开发与保护之间寻找平衡点，不仅为海南长臂猿等重点物种提供了更多栖息空间，也为周边老百姓提供了越来越多的热带雨林生态价值。

"现在挣钱的方式比以前在山里多多了。"正在采茶的白沙新高峰村村民符琼妹兴奋地表示，自从从山上搬到山下，生活越来越好。

旧高峰村，位于海南热带雨林国家公园生态核心区，全村于2020年底通过生态搬迁走出大山。原来，村民要么靠山吃山，要么外出务工；现在，村民不仅住进崭新的59栋联排两层民居，还可以就近采茶、割胶、种植菌菇等。与搬迁前相比，村民收入翻了数倍，尝到了生态红利的甜头。

从白沙县南开乡高峰村到五指山市畅好乡毛庆村，再到东方市东河镇苗村，对这些位于海南热带雨林国家公园核心保护区内的村庄，海南通过人口转移、生态修复、政策扶持、完善配套政策等措施，在助力海南热带雨林国家公园建设的同时，也使村民在新村开始了新生活。

海南热带雨林是人类与动植物共同的家园，绿水青山是心之所向，乡村振兴是民之所望。海南始终坚持在保护中发展、在发展中保护，以生态优先、绿色发展高质量推进热带雨林国家公园建设，用绿水青山绘出民生改善的最美底色。

二、致力"双碳"：共建清洁能源岛

党的二十大报告中指出，"立足我国能源资源禀赋，坚持先立后破，有计划分步骤实施碳达峰行动"，对推动能源高质量发展作出了部署。作为拥有丰富资源的热带岛屿省份，海南具备发展清洁能源的天然优势。2018年以来，海南深入贯彻落实《国家生态文明试验区（海南）实施方案》和"碳达峰、碳中和"总体要求，优化调整能源结构，强化能源供给能力，加快能源基础设施提质升级，转变能源发展方式，建立清洁低碳、安全高效的能源体系，全面推动清洁能源岛建设。党的二十届三中全会和海南省委八届五次全会都提出，健全绿色低碳发展机制。

清洁能源岛踏上征途

"真是太方便了，现在上高速也没有里程焦虑了。"正在海三高速琼中服务区给车充电的司机王先生表示。他还算了一笔账，"我从2020年开始使用新能源汽车，享受到了1.3万元的补贴。每个月充电费用仅为以前加油费用的1/4"。

在全国率先提出2030年"禁售燃油车"时间表和细分领域车辆路线图，培育新能源汽车关键零部件企业，不断完善新能源汽车充电设施配套建设……近年来，海南持续做好清洁能源汽车推广工作。

潮起海之南

在海南文化体育公园的充电站里，新能源汽车正在充电（海南省图片社供图）

推广新能源汽车，里程焦虑如何破解？

海南坚持区域统筹、优化布局和科技支撑，不断完善充电基础设施配套建设。截至 2023 年 11 月，全省已建成充电站 3400 多座，换电站 63 座，累计建设充电桩 11.68 万个。实现全省 45 个高速公路服务区和 196 个乡镇充电桩 100% 覆盖，基本满足电动汽车全岛出行的条件。创新打造"一张网"监管与运营服务平台，搭建了覆盖车企、桩企及消费者的互动平台，推动实现全岛充换电基础设施互联互通及"一个 App 畅行全省"的目标。

如今行驶在海南街头的一辆辆绿牌新能源汽车，已成为海南自贸港的一道亮丽风景线。凌晨，在各市县的大街小巷，一辆辆新能源汽车则在大小充电桩前不断汲取着"绿色能量"。截至 2023 年底，海南新能源汽车保有量为 29.28 万辆，占汽车保有量的 14.69%，保有量占比全国第二，新能源汽车在新增车辆中占比达到 50.8%，位居全国第一。

新能源汽车推广成绩得益于海南清洁能源岛的建设。

2019 年 5 月，中共中央办公厅、国务院办公厅印发《国家生态文明试验区（海南）实施方案》，提出将海南建设成为清洁能源优先发展示范区，建设海南清洁能源岛，这也是全国 4 个国家级生态文明试验区中唯一的清洁能源优先发展示范区。

自此，海南全面推动清洁能源岛建设，陆续出台《海南清洁能源岛发展规划》《海南能源综合改革方案》《海南省"十四五"可再生能源发展规划》《海南省清洁能源汽车发展规划》等，计划到 2025 年，清洁能源岛初具规模，到 2035 年，海南清洁能源岛基本建成。

近年来，按照清洁能源岛建设发展规划，海南加大推行"去煤减油"力度，加快构建以清洁电力和天然气为主体、可再生能源为补充的清洁能源体系。逐步削减煤电，积极发展气电，安全推进核电建设，配套发展抽水蓄能，禁止新建独立小水电项目，逐步淘汰落后小水电，有序发展光伏，研究开发建设海上风电，大力发展分布式光伏和其他分布式能源，鼓励跨市县合理布局建设垃圾焚烧发电厂……随着海南自由贸易港建设的蹄疾步稳，清洁能源岛建设已成为海南高质量发展的必选项。

通过清洁能源岛建设，海南清洁能源装机比重和清洁能源发电占比稳步提升，能源转型持续走在全国前列。2021 年，海南全省统调装机 948.9 万千瓦，清洁能源装机比重达 72%；统调发电量约 354 亿千瓦时，其中，清洁能源发电量 200 亿千瓦时，占统调发电量的 56.5%。2021 年，在全国能源供需偏紧、价格居高不下、海南电力负荷连续十次创历史新高的情况下，海南是全国少数没有限电的省份。2022 年，海南全省统调装机总容量 1164.8 万千瓦，清洁能源装机比重达 76.3%，实现了新能源电力的全额消纳，高于全国平均水平。2023 年，海南全省清洁能源发电装机容量 1120.7 万千瓦，清洁能源装机比重达 78.5%。

潮起海之南

争做"双碳"优等生

新能源车驶上东屿岛，花园皆由建筑废弃物建造，参会嘉宾免费品尝着零碳咖啡……"绿色"细节随处可见，博鳌亚洲论坛2024年年会，作为近零碳示范区启动运行后的第一届年会，让更多参会者对"近零碳"有了切身体验。

何谓"近零碳"？"就是能实现区域内年温室气体净总量持续降低并逐步趋近于零。"海南省住房和城乡建设厅相关负责人解释说。

2022年以来，住房城乡建设部与海南省共同建设"博鳌近零碳示范区"。两年多来，双方结合当地热带季风海洋性气候，对既有整体区域进行近零碳改造，目前已完成8大类18个项目，示范区改造项目全面完成。

2024年3月26日至29日，博鳌亚洲论坛2024年年会在海南博鳌召开，60

2024年3月16日，俯瞰海南博鳌东屿岛近零碳示范区（海南省图片社供图）

72

多个国家和地区代表及各界人士齐聚博鳌东屿岛。年会期间，博鳌近零碳示范区实现全面运行，论坛使用的所有场馆全部采用绿色能源供应，基本实现碳中和办会目标。众多参会的嘉宾和记者表示，博鳌近零碳示范区展示了中国落实"双碳"目标的成果，更在博鳌感受到中国绿色低碳发展的理念和信心。

"博鳌近零碳示范区项目已处于全球领先地位，能够促进全球其他国家的近零碳经济发展。"西门子能源全球总裁、首席执行官克里斯蒂安·布鲁赫在2024年年会上表示，"西门子希望能深入了解海南在绿色低碳发展上的具体规划和前景，共同展开合作。"

"海南这一创举是我们学习的榜样。"芬兰前总理埃斯科·阿霍说。实现近零碳经济，技术在其中起到了关键作用，博鳌近零碳示范区应用的技术提供了一个参考样本。

博鳌东屿岛，仅仅是海南向绿色低碳转型的一个缩影。近年来，海南以博鳌近零碳示范区为示范引领，充分发挥自由贸易港区位、政策、产业优势，聚焦气候温度、海洋深度、地理纬度和绿色生态"三度一色"资源禀赋优势，吸引多家大型能源企业在海南布局清洁能源产业，不断书写绿色答卷，争当"双碳"优等生。

海南常年高温，如何做到既舒适又节能？海口江东新区总部经济区集中供冷很好地回答了这一问题。

2023年9月10日，由大唐海南公司投资建设的海口江东新区智慧综合能源项目成功试运，该园区总部经济区区域能源子站开始供冷，一股股冷气通过管道从冷冻机房输送至江东大厦，使不开空调就能享受宜人温度的设想成为现实。

作为清洁能源商，中国大唐集团入琼6年来，紧紧围绕海南打造清洁能源岛的战略目标，相继开发建设了大唐万宁天然气发电厂、大唐海口天然气发电厂两个百万千瓦级电厂，以及三亚红星、万宁和山、万宁乐来、文昌虎龙山、文昌玉竹5个集中式光伏项目，三亚大隆干渠、海口英利、万宁鑫闽丰、海口

潮起海之南

实验中学、海口吉利汽车、东方鳄鱼小镇、临高县屋顶7个分布式光伏项目。2024年初,大唐儋州120万千瓦海上风电项目开工,预计2025年可投产。

当前,随着海南清洁能源岛建设的推进,海岛之上,从南到北,从西到东,不同容量等级的清洁能源建设项目正顺利推进。

抢抓机遇"向绿图强"

"从未想到有一天还会回到家乡盐场工作!"自学生时代就离开莺歌海盐场的符先生感慨,"过去,这里工作不仅累,而且收入低。年轻人都不愿意跟父辈一样继续生活在这里。"然而,近年来,越来越多的年轻人重新回到盐场工作。老盐场里建起了全省规模最大的光伏基地,盐场发展的新路越走越宽;盐田风光成为一道独特风景,打卡的游客越来越多……清洁能源岛建设不断为海南激发绿色生产力。

2023年9月24日,海南省莺歌海盐场纳潮湖,成排的光伏面板构成一道亮丽风景线(海南省图片社供图)

晴日，纳潮湖里的一块块光伏面板在阳光下熠熠生辉。这是海控能源纳潮湖200兆瓦光伏项目，18.5万块光伏面板在3600亩的纳潮湖面上一字排开。这是海南第一个盐光互补项目，也是全省最大的集中式光伏基地。

"我们莺歌海盐场最大的资源就是土地，虽然这些土地不能用于建设开发，但我们通过资源重组，引进海控能源天能电力有限公司建设盐光互补项目，实现了闲置资源的增值增效。"2024年初，莺歌海盐场资产经营管理部门负责人介绍道。

2023年10月11日，该项目首批机组成功并网发电，标志着海南最大的集中式光伏基地建设迈出关键一步。纳潮湖盐光互补项目是海南省"十四五"期间批复的光伏项目之一，将安装43.4万块光伏面板，每年可新增绿电3.2亿千瓦时，年节约标煤12.8万吨，减少二氧化碳排放量31.8万吨。这意味着，这块最高曾年产32万吨海盐的老盐场，现在正源源不断地为海南提供清洁低碳的绿色电能，助力经济高质量发展。

作为拥有丰富"风光"资源的热带岛屿，海南具备发展绿色生产力的天然优势。近年来，海南坚持"向绿图强"，充分发挥政策、资源和产业等叠加优势，加快打造绿色低碳供应链产业链。2024年4月11日，海南省省长在国新办举行的第九场"推动高质量发展"系列主题新闻发布会上指出，"目前，我们深入打造'清洁能源岛'，大幅降低碳足迹，清洁能源装机比重达78.5%，位居全国前列。我们将探索更多变'碳'为'宝'的实践路径，建设'清洁能源岛'2.0版，发展海上风电、光伏等绿色产业，推动绿氢'制储输用'，推进石化新材料等产业绿色转型升级"。

"现在有了光伏板的遮挡，我的罗非鱼产量越来越高了。"正在文昌翁田镇龙南村鱼塘忙碌的当地村民王先生表示，鱼塘上架起的光伏板不仅能减少烈日对水面的直接照射，还能降低水温、减少藻类过度生长、增加鱼类活动量，使得鱼群可以更好地生长。

村民刘先生的收成越来越好得益于阳光新能源文昌 100 兆瓦渔光互补项目。该项目总经理表示，"纬度低、光照时间长强度高、空气清洁度好，独特的资源禀赋让文昌特别适宜发展光伏发电。我们结合文昌市约 1700 亩鱼塘资源，因地制宜投资建设 100 兆瓦渔光互补光伏发电项目，将丰沛的光照、水面资源转化为经济效益与生态效益"。

该项目作为海南多个单体容量最大的项目之一，综合利用既有 1700 亩鱼塘，针对当地渔业现代化、生态化养殖需求，采用阳光新能源渔光互补 PowMart 智慧能源解决方案，形成"板上发电、板下养殖"立体产业，预计年发绿电 1.5 亿千瓦时；集中式电站发电量全额上网，100% 用于海南岛就地消纳。

目前，走进海南儋州、文昌、澄迈、定安等地乡野间，都会不时看到一块块蓝色光伏板在一片片鱼塘上整齐排列，阳光从板上倾泻而下，闪映在板下撑船而过的渔民肩头。

这些都是近年来海南发展的渔光互补项目，每年向海南省电网提供清洁电能的同时，还可以助力农业渔业发展。

此外，渔光互补项目还为当地创造了大量的就业机会。从光伏板的安装、维护到水产养殖的技术支持，都需要大量的专业人员。这为当地的农民提供了新的就业选择，使他们能够在家门口实现稳定就业，增加了家庭收入。

三、守好"祖宗海":蓝色国土增新绿

三沙市,是中国最年轻、陆地面积最小、人口最少、总面积最大的地级市。2012年6月21日,民政部宣布,国务院正式批准撤销西沙群岛、南沙群岛、中沙群岛办事处,建立地级三沙市,政府驻西沙永兴岛。三沙设市之初,曾有人产生疑问:三沙的发展建设会不会破坏那里美丽的生态环境? 10多年过去了,三沙用实际行动给出了回复:生态环境不仅没有被破坏,而且愈加美丽。三沙设市后出台的第一份文件、开工的第一个项目,都跟生态环保有关。设市以来,三沙始终把生态环境保护摆在重要位置,坚定生态保护优先,以最严格的生态环境保护制度,切实守牢"美丽三沙"生态本底,使三沙的岛更绿、海更蓝。

用心守护这片海

神秘而富饶的西沙群岛,有着优良的生态、旖旎的美景,许多到访过的人都感慨"三沙归来不看海"。星罗棋布的岛礁,犹如一颗颗明珠点缀在祖国的南海;纯净清澈的海水,诉说着三沙人对这片深蓝的无限热爱。三沙之美,令人流连。每一个到过三沙的人,无一不被其天然的美惊艳。这种美既是大自然的馈赠,更是三沙人用心守护不懈努力的成果,是人与自然和谐共生的真实写照。

三沙设市后发布的第一个文件即为《关于加强生态环境保护工作的意见》

（以下简称《意见》）。《意见》对三沙的自然资源利用、生态环境监测体系建设等方面都有具体规定和规划，所有工作实行环评一票否决。三沙设市后启动的第一个项目是永兴岛污水处理和西沙群岛垃圾收集转运工程。"第一项目"的投入使用，让永兴岛环卫管理进入常态化，实现了全岛污水不入海，垃圾可处理。日处理能力1800吨的三沙污水处理厂有效实现了永兴岛生活污水的循环再利用，处理后的中水用于岛上的绿化浇灌和建筑施工，缓解了永兴岛淡水资源匮乏情况。继"第一项目"之后，三沙紧接着开工建设的海水淡化工程、三沙市文物保护修复、西沙各岛礁绿化植树大行动、渔业增殖放流、赵述岛修复与保护工程、海南三沙群岛热带海洋动物保护区、规划成立北礁保护站等项目，也都是生态保护项目。

设市以来，三沙始终把加强党对生态文明建设的领导作为根本政治保证，不断完善生态环境保护机制。相继出台《关于进一步落实生态环境保护"党政同责 一岗双责"的意见》《三沙市党政机关及有关部门生态环境保护工作职责》等一系列规范性文件。将生态环境保护立法作为人大立法工作的重中之重，为做好生态保护工作提供法律支撑。

然而，三沙的岛屿星罗棋布，岛与岛之间水面距离宽阔、海域环境复杂，岛上常住渔民数量各不相同，生态保护侧重点也有所差异。如何做到各岛礁精准保护成为三沙生态保护工作的实践难点。岛长制很好地解答了这一难题。

登上赵述岛，首先看到的就是两块岛长管理公示牌。在公示牌上，可以明确看到岛礁名称、岛礁面积、总岛长姓名、联系电话等，同时公示的还有岛长职责、实现目标。岛长，是三沙市为改善各岛礁生态环境专门设立的职务。

"七连屿是大自然赋予的宝藏，也是老祖宗留下的家业，我作为一名党员，守护好它，建设好它是我的使命和担当。"作为七连屿的首任总岛长，邹志自2014年来到三沙工作，就把守护三沙作为他的使命和担当。

"以前是为生活而来，现在是为了家而来，赵述岛是我的家，我要为自己的

第三章 人与自然和谐共生——绿色之岛

三沙市赵述岛（海南省图片社供图）

家去努力。"在西沙打鱼打了小半辈子的梁锋也有了一个责任更大的身份——赵述岛岛长。自从有了这个身份，梁锋积极为社区群众服务，为改善岛礁生态环境倾注心血。"我希望通过自己的努力，让子孙后代都能看到这片碧海蓝天。"

2017年9月，三沙在七连屿辖区试行岛长制，分为总岛长、下级岛长、岛礁巡查员3个级别。在以邹志为总岛长的带领下，下级岛长和岛礁巡查员积极践行岛长责任，围绕"一岛一策""一域一特色"不断创新岛长制工作，让七连屿的岛礁生态环境得到明显改善。

经过两年试行，三沙自2019年施行岛长制。逐步构建了市、工委、社区三级岛长的组织体系，以岛长制为抓手推进各项保护工作落实。按照"绿色、循环、低碳"理念，把各个岛礁当成盆景和花园来建设，构建起全民参与的生态环境保护机制。

南海上的"纤夫"

2016年9月，一张《南海上的"纤夫"》的照片在网上走红。照片中，在三沙市晋卿岛海域，风高浪急，5名工人在海水中拖着一只载有大捆树苗的泡沫船艰难地前行，他们把从海南本岛运送过来的树苗通过人力，拉到岛上栽种。

这种独特的搬运方式，是作业工人根据三沙海域的特点创造的。因为特殊的环境，在三沙岛礁和海域作业面临特殊的困难，往往需要付出几倍甚至几十倍的努力。一棵树从海南岛到达三沙岛礁需要经历一段段坎坷的旅程。三沙市的多数岛礁连个像样的码头都没有，大型机械无法运输上岸。树苗、土壤、肥料等物资要先通过大型船舶从海南岛运到三沙的永兴岛，然后再由大船换小船，小船换小舢板，由人下水将树苗分送到各个小岛。

西沙群岛中的西沙洲是一个面积不足0.3平方公里的珊瑚沙岛，过去是一片寸草不生的沙地，既无人居住更无人登陆。三沙设市后大力推进岛礁绿化工作，以西沙洲绿化为试点，种植了首批300丛麻黄，逐步在各岛礁上开展了全面绿化覆盖。经过艰苦努力，如今的西沙洲有超过10万棵绿植，使这片曾经的荒岛变成了生机勃勃的海上绿洲。海鸟上岛安家、栖息了，从未上过沙洲的海龟也上岸产卵了。

因为岛礁上都是珊瑚沙，存不了水。要种活一棵树，不仅要有树苗，还要从海南本岛运来大批的黄土。种一棵树，每个树坑还要填上一两吨的黄土，还得有淡水。为了确保绿化植物的成活率，三沙首先选择了适合海岛高温气候的木麻黄、椰子树、羊角树、诺丽树等热带滨海树种。为了解决淡水问题，三沙还在岛礁上建起了一座座海水淡化厂。

在三沙，植树不容易，养树更不容易。由于气候原因，三沙岛礁植树容易受病虫害侵蚀，成活率低，这为植树绿化岛礁工作带来了极大挑战。为此，三沙市每年组织病虫害防治专业队伍进行病虫害防治，对永兴岛、赵述岛等的椰子树进行椰心叶甲虫害挂药包防治和定期放蜂防治。组织林业专家赴其他岛礁开展病虫害防治调研，及时为驻防部队解决病虫害防治问题，并在西沙群岛的每个岛礁安装太阳能杀虫灯，保护岛礁树木不受病虫害侵害。

此外，三沙还积极探索和推进"互联网+"树木认养模式，开发运行了三沙林业特色产品，"美丽三沙"微信公众号让全国人民来参与三沙树木的保护，满足全国人民情系三沙的爱国热情，积极发挥社会力量参与岛礁绿化工作。

南海上的"纤夫"，没有"妹妹坐船头"的浪漫，但有"不破楼兰终不还"的坚毅。设市以来，三沙克服岛礁绿化的种种困难，凭着"愚公移山"般的精神，在西沙、南沙累计种植苗木315万株，让一个个岛礁的盎然绿色格外耀眼，成为镶嵌在海面上的绿宝石。

天蓝岛绿海更净

除了在岛上绿化，三沙的绿化活动还延伸到了海底。在三沙蔚蓝的海面下，有一片五光十色的珊瑚摇曳多姿。这正是南海的特色珊瑚礁，是美丽三沙中最美的部分之一，吸引着无数热爱三沙的人。

南海诸岛属于海洋岛，是在海洋中自行生成的岛屿，一般与大陆的构造、岩性、地质演化没有关系。海洋岛按成因可分为火山岛和珊瑚岛。火山岛，顾名思义是由海底火山喷发物质堆积而成，南海诸岛中，只有西沙群岛的高尖石是火山岛，其余是珊瑚岛。在三沙生态环境中，珊瑚礁保护是最基础最重要也是最脆弱的环节之一。

三沙设市之前，当地渔业资源发展缺乏严格管控，导致部分区域存在过度捕捞，造成珊瑚礁一定程度的退化。此外，随着全球气候变暖，珊瑚礁白化现象日益加剧，南海的珊瑚礁遭到严重的威胁。珊瑚礁是海洋生物的主要栖息地，

潮起海之南

就像是海底的"热带雨林"，构成了海洋世界里生态系统的重要一环。一旦珊瑚礁生态系统被破坏，这些海洋生物也就丧失了它们生存的家园。

设市以后，三沙大力加强南海珊瑚礁保护。一方面鼓励渔民转产转业，将渔民安排到岛礁巡护、港务站、开冲锋舟、岛上绿化等岗位，引导渔民从环境破坏者变为生态保护者。一方面在西沙海域培育珊瑚，吸引多个科研团队进行南海珊瑚生态系统修复研究，通过人工繁殖珊瑚和海参来重建珊瑚的活力和生

2023年7月22日，在三沙北岛，工作人员和渔民给海龟巢插牌登记（海南省图片社供图）

态系统。

与此同时，海南省以制度建设为抓手，加强珊瑚礁保护工作规范化建设。2016年11月，海南省人大常委会通过《海南省珊瑚礁和砗磲保护规定》，严禁对珊瑚礁和砗磲实施破坏行为，更重要的是禁止了珊瑚与砗磲制品的出售、购买、运输、携带、寄递等行为，力图从源头上遏制珊瑚与砗磲工艺品加工对珊瑚礁的破坏。随着南海珊瑚生态系统得到逐步恢复，大量海洋生物主动回归。

随着三沙市对北岛周边海域珊瑚礁的保护和其逐步恢复，岛礁绿化全面实施，海龟们生长的家园越来越"温暖"，成群结队的海龟上岸产卵成了三沙北岛一道亮丽的风景。如今，三沙的北岛已经成为海龟宝宝们温暖的家。上岸产卵的海龟从2014年的52窝，增加到了2022年的154窝。

北岛位于三沙市七连屿，是南海海龟的集中产卵地之一。每到产卵季节，成群的海龟就会爬上岛，因此北岛又被称为"龟岛"。20世纪90年代，海龟被列为国家二级保护动物，非法捕海龟的行为得以遏制。但彼时的北岛已很难见到海龟上岸产卵，"龟岛"已然名不副实。

设市以来，三沙将海龟保护列为七连屿海洋生态环境保护的重要工作。七连屿围绕岛礁景观整治、海龟产卵保护、海洋生态保护与修复等方面对岛礁生态进行精细化管理。与此同时，一支由渔民组成的海龟保护队成立，并在北岛挂牌成立三沙市七连屿海龟保护站，他们年复一年坚持日常巡护、救助、登记等工作，共同守护海龟家园。

2019年1月，三沙海龟保护团队获得"感动海南"2018年度特别致敬群体，时任三沙市七连屿工委副书记、总岛长邹志和保护团队成员们一同登上颁奖舞台。

苍茫的南海，是渔民的家，是珊瑚的家，是海龟的家。守护祖宗海是三沙义不容辞的责任，更是给后人的生态传承。

四、全岛"禁塑":共创绿色美好家园

作为科技的产物,塑料是人类社会发展和现代文明的标志。自塑料被发明以来,已经被广泛应用于人类生活的方方面面。然而,塑料在为人们提供生活便利的同时,也为全球带来了巨大的环境挑战。塑料污染已成为当今世界面临的紧迫环境问题。近年来,海南将全岛"禁塑"列入建设国家生态文明试验区的标志性工程之一,先后颁布实施了"禁塑"相关地方法规和地方标准、制定"禁塑"名录负面清单、建立全生物降解产品可追溯管理平台、替代品"专用标识 + 监管二维码"识别方法、输入源头"物流 + 信息流"综合监管体系等多项举措,形成了一套具有海南特色、可复制可推广的塑料污染治理方案,得到了国家部委、相关省份和产业界的认可和关注。

"禁塑"时代全面开启

"2023 年 11 月 13 日 21 时,海口市市场监管局执法人员在新海港开展'禁塑'货车运输检查工作,发现当事人的货车上装载大量一次性不可降解塑料制品。经清点,车上含有的产品分别为塑料杯、碗、碟和盖,合计 406 件,货值合计 16785 元。产品的材质均为聚丙烯(PP),均为'禁塑'名录内的一次性不可降解塑料制品。对于当事人违规运输一次性不可降解塑料制品的行为,执法

第三章 人与自然和谐共生——绿色之岛

位于海口高新区狮子岭工业园的海南赛高新材料有限公司正在生产全生物降解塑料袋（海南省图片社供图）

人员现场下达了责令改正通知书，要求其立即改正，并对涉案产品进行了扣押。经查，当事人梁某武从某 App 平台上接单，看到单后打电话联系对方获取具体的装货地址，产品计划从佛山市运输至海口市，准备运往海口市卸货，但货车运行至海口新海港货车出口处被查获。"这是海口市市场监督管理局在日常执法中发布的真实案例。

2018年4月，《中共中央 国务院关于支持海南全面深化改革开放的指导意见》发布，赋予海南建设"三区一中心"战略定位之一就是建设国家生态文明试验区，要求"全面禁止在海南生产、销售和使用一次性不可降解塑料袋、塑料餐具，加快推进快递业绿色包装应用"。

2019 年 2 月 16 日，海南省委办公厅、海南省人民政府办公厅印发《海南省全面禁止生产、销售和使用一次性不可降解塑料制品实施方案》，明确全岛"禁塑"时间表。2019年12月31日海南省第六届人民代表大会常务委员会第十六次会议通过《海南经济特区禁止一次性不可降解塑料制品规定》，要求从2020年12月1日起，禁止生产、运输、销售、储存、使用一次性不可降解塑料袋、塑料餐具等塑料制品。

为顺利实施"禁塑"工作，海南相关部门走遍海南街道巷陌，摸排全省塑料制品使用情况，思考省内"禁塑"工作推进细则的制定。

2019年10月，海南省生态环境厅召开听证会，就替代产品、管理细则广征意见。

2020年3月，《海南省禁止生产销售使用一次性不可降解塑料制品名录（第一批）》发布。

2020年5月，海口连续挂牌出让2宗土地，用以建设新型生物降解材料产业基地，海南"禁塑"工作迈入替代品生产环节。

2020年8月起，海南重点行业和场所进入"禁塑"试点实施阶段，海南全面"禁塑"开始步入实战阶段。

2020年12月1日起，《海南经济特区禁止一次性不可降解塑料制品规定》正式实施，海南省正式全面禁止一次性不可降解塑料袋、塑料餐饮具等塑料制品。

自此，海南建立了"禁塑"名录、全生物降解塑料制品可追溯、塑料回收利用和部门联合执法等制度，将塑料袋、餐具等2大类10个小类的一次性不可降解塑料制品纳入"禁塑"范围。

稳步推进替代品产业发展

2008年起，我国就在全国范围内实施了"限塑令"，限制生产销售使用塑料购物袋。海南根据法规要求，于2008年10月实施《海南经济特区限制生产运输销售储存使用一次性塑料制品规定》，开启"限塑"时代。

然而，"限塑令"实施后，无纺布袋携带麻烦、可降解塑料袋价格较高等原因导致"限塑令"难以有效落实，塑料袋等一次性塑料制品使用量仍然居高不下。据统计，海南省每年使用一次性不可降解塑料制品约 12 万吨，其中省内产量约 6.5 万吨。岛内各大型商超售卖塑料袋，每个价格 1 角钱至 5 角钱，消费者图方便省事，大量购买、使用塑料袋；在农贸市场，商贩为竞争、揽客，直接提供免费塑料袋。

为顺利推动全岛"禁塑"工作，海南将促进全生物降解塑料替代产品的研发和推广作为"禁塑"的重要任务，将其作为产业升级、新产业发展的机会。

2020 年 3 月，经省政府批准，海南省工业和信息化厅印发实施《海南省全生物降解塑料产业发展规划（2020—2025 年）》，以全岛"禁塑"为契机，大力发展全生物降解塑料新材料产业，推动形成新的经济增长点。根据《海南省总体规划（空间类 2015—2030）》，合理布局生物降解上中下游产业聚集地，明确洋浦经济开发区为原料基地，海口高新区、老城科技新城为制品产地，引导企业集聚集约发展。

截至 2023 年，洋浦已集聚原料项目 5 个，海口高新区、老城科技新城集聚生物降解塑料制品企业 15 家。2023 年，实现生物降解替代品销量 1.7 万吨，较 2022 年同比增长 56%。9 类重点行业场所替代品平均占有率达到 80.2%，全省机关食堂、环卫系统、公立医院、学校等单位基本停止使用一次性不可降解塑料制品，全省 55 家 AAA 级以上景区基本实现全面"禁塑"。全社会"禁塑"政策知晓率超过 90%，基本形成了全民"禁塑"的舆论氛围。

这些数据的背后，是海南生物降解材料产业实现了从无到有的突破。全岛"禁塑"以来，海南以市场需求为导向，积极引导全生物可降解材料产业创新升级、全链条发展。截至 2023 年，该产业已培育在产企业 19 家，其中中游改性塑料企业 4 家，总产能约 3.60 万吨，下游制品企业 17 家，总产能约 8.64 万吨，

潮起海之南

有2家企业具备同时生产改性塑料和制品的能力，初步形成产业集聚效应，保障了海南"禁塑"替代品的供应，替代品生产技术基本达到国际先进水平。

全岛"禁塑"为海南自由贸易港建设带来新的商机。多家企业抢抓机遇布局海南全生物降解材料产业。中科信晖、中科院理化所、中石化、深圳裕同科技、浙江大胜达等多家省外科研院所和企业在海南投资研发和建厂，希望依托海南地理位置优势及自由贸易港政策，对外拓展海外市场。目前，已有企业产品走向海外市场。"禁塑"不仅为海南建设国家生态文明试验区贡献力量，而且为全球塑料污染治理提供中国智慧、海南方案。

2020年12月15日，三亚市第九小学学生在"保护生态环境，从'禁塑'开始"条幅上签字（海南省图片社供图）

共享绿色美好生活

"禁塑"的最终目的是全社会形成良好的"禁塑"习惯，转变社会整体风貌。

"禁塑"替代品供应有了，但如何监管成为市场监管执法人员管控一次性塑料制品过程中遇到的头痛难题。

"管得住生产塑料袋的正规厂家，却管不住小作坊""管得住大超市，却管不住小商铺""检测难，检测成本高""很多塑料袋都印有合格环保的标志，但是否合格环保，使用者不知道，监管者说不清""管得住岛内生产、运输、销售，管不住岛外生产、运输、销售""管得住岛内市场，管不住岛外电商市场"等问题接踵而至。

面对这些问题，海南多管齐下，首创全域"禁塑"制度体系。首先，海南在完善替代品标准体系和形成全生物降解塑料制品检测能力中找答案。从2020年起，海南通过建设全省"禁塑"工作管理信息平台和推行"电子监管码"，引导企业和公众依托平台建立全生物降解塑料制品追溯体系，保障全流程可追溯，将违法成本前压。目前，海南已形成"法规＋名录＋标准＋可追溯平台＋替代品产业"全链条闭环"禁塑"制度体系。

其次，海南在多个重点领域协同发力。海南积极推动南北两岸工作联动、执法协作和信息共享，协调广东省海峡办印发《广东省海峡办关于协助海南做好"禁塑"相关工作的通知》。省商务厅持续加强电商平台"禁塑"控源和城镇农贸市场"禁塑"工作组织领导，与省内6家主要电商平台签署"禁塑"承诺书，组织开展农贸市场"禁塑"评估和电商平台网上巡查工作。省邮政管理部门将寄递企业从业人员掌握"禁塑"工作要求及具体落实情况纳入日常检查。

再次，海南在市场监管执法中找答案。一方面构建交通运输、市场监管、综合执法部门定期联合执法的工作机制。明确职责分工，突出执法重点，实行信息共享，严格案件线索移送等规定。一方面加强市场监管。市场监管部门先后印发《海南省2021年禁塑联合执法行动方案》《关于强化禁塑重点领域监管执法工作的通知》等文件，压实责任、明确工作目标，部署开展民生领域"铁拳"行动、"禁塑"工作攻坚固本百日行动，组织实施"禁塑"执法联合行动，指导各市县市场监管、综合执法部门查处生产、销售、储存、运输一次性不可降解塑料制品行为，截至2023年11月，全省共立案10308宗，结案9609宗，查扣违禁塑料制品5600多万个，罚没款1715.56万元。

最后，海南还在各环节各领域强化"禁塑"宣传，营造舆论氛围。通过一次性不可降解塑料制品集中销毁行动、曝光典型案例、落实举报奖励等活动，引导群众从"要我禁塑"向"我要禁塑"转变，推动全岛"禁塑"社会共治，绿色生活方式初步形成。

如今，走进海南农贸市场、超市，购物者手中提着的都是可降解的环保塑料袋。这些生物降解塑料袋上面都印着二维码，打开手机一扫，即可查到该环保袋的生产厂家、生产批次、产品成分、降解性能等信息。

海南"禁塑"成效受到多方肯定。2020年11月，国务院将海南"塑料污染系统治理机制"列入国家生态文明试验区改革举措和经验做法推广清单。2022年3月，国家发展改革委组织的塑料污染治理中期评估认为，海南在地方法规、名录、标准和制度体系建设方面作了大量扎实的工作，在一次性塑料制品禁限、替代品推广、农膜资源化回收、海洋塑料垃圾治理等方面取得了明显成效。2022年10月，生态环境部将该项成果确定为自由贸易试验区加强生态环境保护推动高质量发展案例，面向全国复制推广。山西、河南等多个兄弟省市多次来琼专题调研学习"禁塑"立法工作。此外，多个国内生物降解行业会议在海南召开，海南"禁塑"政策在降解材料行业获得普遍关注。

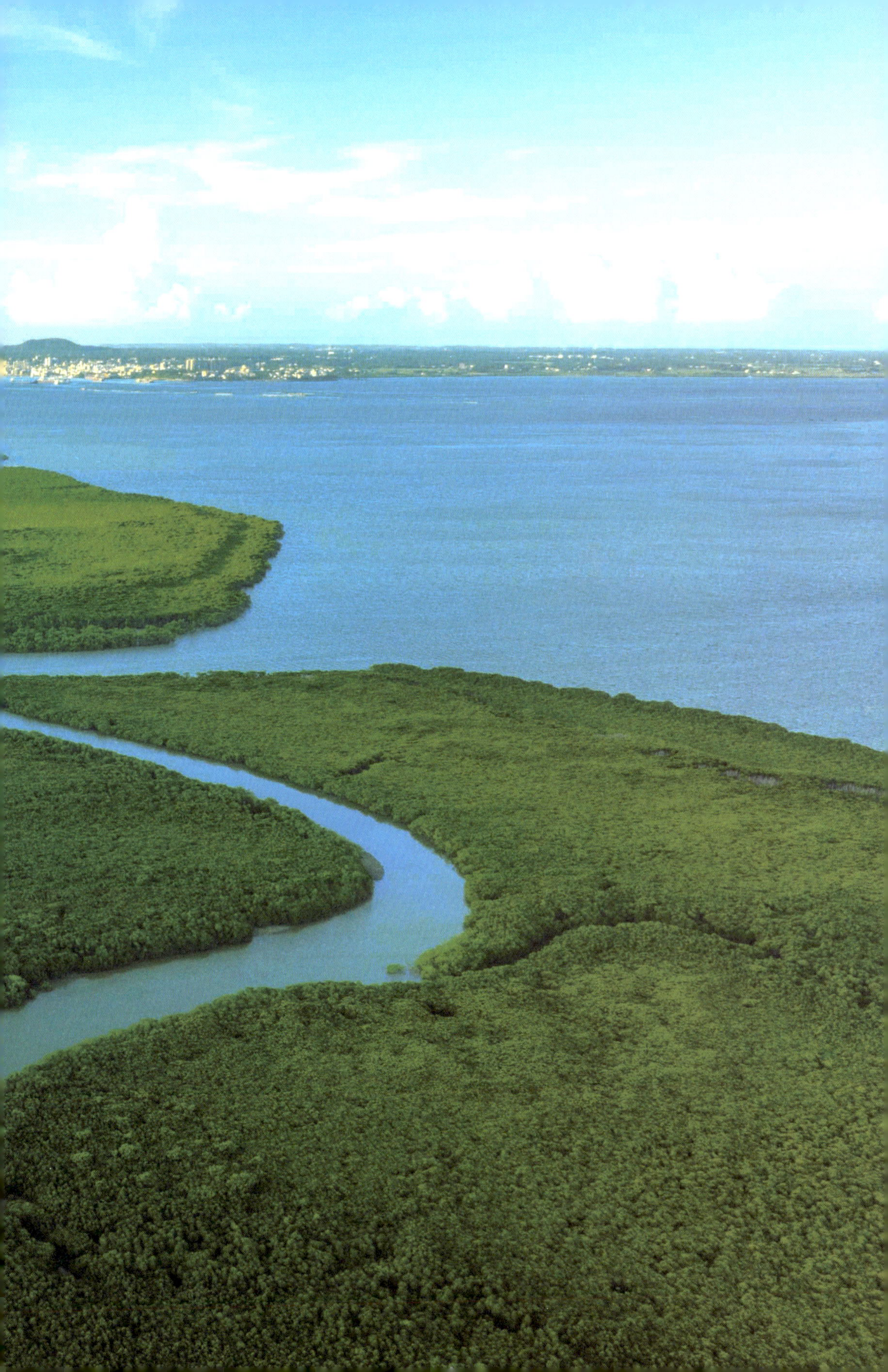

MARRIOTT
第四届中国国际消费品博览会
WELCOME TO HAINAN EXPO
第四届中国国际消费品博览会
HAINAN
EXPO

第四章

对标世界最高水平的开放形态
——开放之岛

党的二十届三中全会指出,"开放是中国式现代化的鲜明标识"。海南省委八届五次全会提出,"提升'两个基地''两个网络''两个枢纽能级'","打造国内国际双循环的重要交汇点"。开放是海南的天赋基因,也是自由贸易港的突出特征。从最初办经济特区到建设国际旅游岛,再到建设中国特色自由贸易港,都体现了海南对外开放的努力。2001年2月,29个国家共同发起成立博鳌亚洲论坛。在海南建设中国特色自由贸易港,是习近平总书记亲自谋划、亲自部署、亲自推动的改革开放重大举措,是党中央着眼国内国际两个大局,深入研究、统筹考虑、科学谋划作出的战略决策。习近平总书记指出,"自由贸易港是当今世界最高水平的开放形态"。2022年4月,习近平总书记再次亲临海南考察并发表重要讲话,要求加快建设具有世界影响力的中国特色自由贸易港,让海南成为新时代中国改革开放的示范。"贸易、投资、跨境资金流动、人员进出、运输来往自由便利和数据安全有序流动"为主框架的自由贸易港政策制度体系是海南高水平开放的体现。消博会、离岛免税、59国人员免签入境、博鳌乐城、陵水黎安、境外高校独立办学等都是海南对外开放的先行先试。

潮起海之南

一、"消博会":"买全球+卖全球"平台

中国国际消费品博览会(以下简称"消博会"),作为写入国务院《政府工作报告》的国家级"四大展会"之一,是中国首个以国际消费精品为主题的国家级展会。一方面,国外消费精品通过消博会平台,进入中国大市场,实现在消博会"买全球"。另一方面,国内消费精品通过消博会平台走向全球,进入全球大市场,实现在消博会"卖全球"。"买全球+卖全球"消博会已成为国际消费开放共享大平台。

"买全球":国际企业"走进来"落地中国

举办消博会,就是围绕海南"国际旅游消费中心"建设,打造国际消费精品的全球展示和交易平台。消博会立足全球消费精品展示交易,聚焦全球"新、奇、特"优质消费精品,汇聚全球消费领域资源和全球买家卖家,为消费者提供更多高品质、高附加值的产品选择,成为优化消费供给、畅通消费渠道、引领消费时尚和提振消费信心的重要平台。消博会作为我国重要的开放平台,充分运用海南自由贸易港税收优惠、通关便利等政策,打造开放共享、深化合作的大平台。

第四章　对标世界最高水平的开放形态——开放之岛

2024年4月18日，消博会现场（海南省图片社供图）

"政策＋平台"优势主阵地

2020年6月，中共中央、国务院印发《海南自由贸易港建设总体方案》（以下简称《总体方案》）指出，"举办中国国际消费品博览会，国家级展会境外展品在展期内进口和销售享受免税政策"。首届消博会使用展会境外展品进口和销售免税政策的展商共25家，总货值约32万美元。《总体方案》还提出，对鼓励类产业企业生产的不含进口料件或者含进口料件在海南自由贸易港加工增值超过30%（含）的货物，经"二线"进入内地免征进口关税，照章征收进口环节增值税、消费税。

2021年4月26日，财政部、海关总署、税务总局发布《关于中国国际消费品博览会展期内销售的进口展品税收优惠政策的通知》明确在全岛封关运作前，对消博会展期内销售的规定上限以内的进口展品免征进口关税、进口环节增值税和消费税。目前纳入清单的展品有家具、服装、手提包、仪器设备、宝石、手表等。

潮起海之南

2024年4月17日，第四届消博会迎来了首个公众开放日（海南省图片社供图）

"原本是来海南旅游的，刚好赶上消博会，一站式体验'全球购物之旅'，既可以品鉴来自全球的尖端好货，还可以享受免税优惠购物……我个人很喜欢珠宝，不出国门，就可以在消博会欣赏甚至购买优质高端商品，体验感非常好。"来自四川的许女士兴奋地说道。

参加消博会，无论消费者，还是境外展品，均能享受一定优惠政策。值得一提的是，消博会免税政策和海南离岛免税政策不同，不占用离岛免税的10万元额度。岛外参加消博会的观众除了可以在展馆内购买国内精品和免税的国外展品以外，还可以到岛内的离岛免税店购买10万元额度的产品。

除此，海关还出台了"支持跨境电商业务，推进线上线下融合"政策，该政策允许列入跨境电商零售进口商品清单的进境展览品，在展览结束后进入区域中心的，对于符合条件的，可按照跨境电商网购保税零售进口商品模式销售。

参展商通过研究运用自由贸易港税收优惠、通关便利等政策做大做强现有业务，而消博会引导参展商在展会结束后将展品转入保税区，通过保税"实物展示＋跨境电商"模式继续销售，实现短期展品变长期商品。

自贸港更多优惠政策激励展商在海南加工产品后再进行出售，吸引品牌带动更多产业到海南来。第二届消博会开幕式后，奢侈品集团路威酩轩（LVMH）集团和海口综合保税区即签署合作备忘录，将路威酩轩香水化妆品中国区旅游零售供应链中心落地海口综合保税区。2024年消博会主宾国爱尔兰的不少企业也已落地海南。

海南离岛免税、交通工具及游艇"零关税"等政策红利，也使得更多消费新场景、新领域能在消博会上亮相落地。2024年第四届消博会创新实践"1＋N"全岛办展模式。除继续在海南国际会展中心设置主会场外，在海口、博鳌等地新增帆船游艇、免税购物、国际健康3个分会场，充分利用自由贸易港关于"零关税"交通工具及游艇清单扩容等政策红利，打造消费新场景、引领消费新风尚、满足消费新需求。

2024年4月14日晚上，在海口市国家帆船基地公共码头，第四届中国国际消费品博览会海口国际游艇展灯光秀下的会场（海南省图片社供图）

高达 38% 的税费一直是游艇买家纠结之处。但是海南的"零关税"政策，对于具备购买资质的公司而言，具有非常大的吸引力。第四届消博会首单享受"零关税"政策游艇订单成功签约。鸿洲卡纳公司签约销售的博纳多蒙地卡罗 MC6 游艇，原售价超过 1000 万元，得益于 2023 年底出台的游艇"零关税"政策，游艇购置减免 38% 的关税及进口环节税，使客户节省近 400 万元的税费。

2024 年消博会游艇展在境外参展船艇的数量与品质均有突破，共有 80 家国际品牌参展，如英国 PRINCESS、芬兰 Targa、波兰 Sunreef、法国 Bali、美国 SUPRA、意大利 AZIMUT 等带来 250 艘游艇。

全球首发首展首秀新高地

不同于其他国家级展会，消博会定位于开辟全球消费精品"少而精"的赛道，更加注重"新、奇、特"精品新品。消博会成为不少国内外知名品牌最新产品、最新款式全球首发首展首秀平台。"加工增值 30% 免关税政策""15% 税收优惠政策"成为各大品牌在海南开设首店的动力。

2024 年二度参加消博会的德国卡赫进行新品首发，品牌通过消博会实现销量和声誉双丰收，带动多款全球首发首秀产品完成从展品到商品的身份转换。连续四届参展的新加坡健康生活品牌 OSIM 傲胜，在首届消博会结束后，于 2022 年 6 月在海口万象城开设海南首店。

"展商变投资商"

消博会每年设立不同主宾国，多国以国别展团形式参展，不仅展示了各国独特的消费品和文化魅力，还共同打造了一个多元化的国际交流平台。不少展商通过消博会平台，一方面向全球消费者展示其品牌产品和优势；另一方面向其全球合作伙伴展示其企业策略和形象。消博会不仅是品牌展示的平台、新产品和全球消费者见面的平台，更是与其他优秀展商等同行交流合作的平台。

Tapestry集团连续4年参展，在参展的第二年就将中国旅游零售总部落户海南，并先后在海南开设14家免税及零售门店。雅诗兰黛也是参展第二年就在海口成立雅诗兰黛旅游零售服务（海南）有限公司，2023年该集团又把旅游零售亚太区物流中心及中国区总部落地海南。

消博会致力于让市场配置展会资源，提升消博会各方参会体验，让国际企业赴华抢抓机遇，促进实际成交，推动更多"展品变商品""展商变投资商""头回客变回头客"，让越来越多的品牌落地中国、扎根中国，共享中国大市场。

消博会还将"买全球"从会展中心延伸到会展外，让国际精品消费常态化。第三届消博会后成立参展商联盟，17个国际头部企业担任理事会成员单位，成员单位百余家。参展商联盟秘书处设在海南国际经济发展局，有助于将产品和服务消费拓展到展期外，不仅从时间和空间上扩大了国际精品消费，同时还增强了参展企业间的合作黏性。

加拿大艾纳诗集团在首届消博会推出深睡小屋健康睡眠解决方案，即被海南自由贸易港政策所吸引，其研发生产中心随即入驻海口国家高新区，紧接着海南深睡小屋医疗管理有限公司、海南深睡小屋新媒体有限公司、海南深睡小屋科技有限公司也相继成立。

意大利作为第三届消博会主宾国，参展品牌宝格丽于2023年6月9日在海口综保区注册宝格丽商业（海南）有限公司，是意大利首家奢侈品品牌落地海南，将作为宝格丽品牌大中华区供应链和综合售后服务中心。这对于海南旅游零售业界来说意义深远，同时也展示了海南自由贸易港强大的吸引力和潜力。

2024年，来参展的欧洲护肤品牌BABOR也在海口开设门店。总之，越来越多的全球头部品牌皆有意向在海南自由贸易港布局，并考虑在海南设立贸易公司、保税仓库和物流中心。

潮起海之南

"卖全球"：中国企业"走出去"联动全球

作为国际消费精品全球展示交易平台，消博会也为中国企业走向世界提供平台机遇。消博会专设国货特色潮品展区，来自中国各省份的本地消费精品和老字号优秀企业齐聚一堂，带来最新产品。这些企业借助消博会"出海"，将产品和业务拓展到东南亚、欧洲、南美、中东和北美等地区。

2024年4月14日，在第四届中国国际消费品博览会1号馆的海南国货潮品馆（海南省图片社供图）

搭建国货出海渠道

消博会特设国货精品展区，集中展出一批国内优质特色消费精品和老字号品牌，通过搭建国货出海渠道，带动国潮精品卖全球。在"国货潮"持续升温

第四章　对标世界最高水平的开放形态——开放之岛

的背景下，中国优质品牌和产品通过消博会平台走向世界舞台，展现中国制造的卓越品质和传统文化的独特魅力。例如，国产香薰品牌祝安香氛在消博会影响力和助力下，2024年成功在英国伦敦建立新的全球品牌营销中心。

2024年4月14日，在第四届中国国际消费品博览会1号馆的海南国货潮品馆（海南省图片社供图）

消博会还为海南企业与品牌展示自我、扩大购销渠道创造了机遇。海南省商务厅统计数据显示，2022年7月26日至28日，消博会海南馆累计接待数万人观展，部分海南企业还获得了上亿元订单，为海南名特优产品"走出去"提供了平台。

高效对接全球贸易

消博会构建供需对接桥梁，高效对接全球贸易。消博会举行了多场以国别、

101

行业为主题的供需对接会，助力展商与采购商高效配对，加速展品转化为商品的进程。消博会注重参展商和采购商之间的供需对接，供需对接和社交交流活动贯穿了展会的始终，与会的全球客商均能利用社交交流机会结识到大量的来自全球的合作伙伴。

消博会大卖场变自由贸易港大市场，为中国和世界的双向链接打开新渠道，注入新动能，共享新机遇。2024年消博会期间，海口海关共监管离岛免税购物金额4.59亿元，购物人次8.29万人次，购物件数49.02万件。

在消博会的流量加持下，海南自贸港开放活力不断释放。2024年前10个月，海南货物贸易进出口总值2302.3亿元，比2023年同期增长21.2%。其中，出口882.7亿元，增长45.3%；进口1419.6亿元，增长9.8%。同期，以保税物流方式进出口366.2亿元，增长8.9%，占15.9%；以免税品方式进口123.2亿元，占5.4%。

消博会已成为亚太区最大的消费品博览会。消博会连续成功举办，将"买全球 + 卖全球"的桥梁越做越大，成为"中国开放的大门只会越开越大"的生动注脚。

商务部副部长总结消博会的特殊意义为"三新"，即消博会是构建新发展格局的新载体，消博会是满足人民美好生活需要的新平台，消博会还是实行高水平对外开放的新窗口。消博会已成为世界共享中国开放机遇、开展经贸国际合作的重要平台，进一步坚定各方对中国持续扩大高水平对外开放的信心。

二、"博鳌乐城"：
医疗对外开放合作的国际窗口

2013年2月28日，国务院正式批复设立海南博鳌乐城国际医疗旅游先行区（以下简称"先行区"），并赋予其医疗技术、医疗药品器械特许准入等含金量极高的"国九条"优惠政策，其中包括"特许医疗""特许研究""特许经营""特许国际交流"四个"特许"，以实现医疗技术、设备、药品和国际先进

俯瞰海南自由贸易港博鳌乐城国际医疗旅游先行区（海南省图片社供图）

潮起海之南

水平"三同步"。

先行区是全国唯一的"医疗特区",拥有自由贸易港和先行区政策优势,允许在美国、欧盟、日本等上市的新药和医疗器械在获得中国批准上市之前可在先行区先行试用。作为海南自由贸易港13个重点园区之一,先行区以其独特的政策优势,以及得天独厚的自然和气候条件,正逐渐成为国内外先进医疗资源的集聚地、国际医疗旅游目的地和医疗科技创新平台。2018年至2023年,先行区累计接待医疗旅游76.85万人次,特许药械惠及患者6万余人次。

医疗先行先试区:"希望之城"

作为中国医疗医药改革创新发展的先行先试区和海南自由贸易港重点园区,先行区凭借政策洼地和创新高地的优势,不断吸引着国内外医疗机构的进驻。

俯瞰博鳌乐城旅游先行区(海南省图片社供图)

截至 2024 年 6 月，先行区已有 29 家医疗机构开业运营，超 20 家医疗机构在建或筹建，形成"公立＋合营＋民营""国内＋国际""综合＋专科"的多样互补型医疗产业格局。

"医疗特区"：特许药械中国首用

依托"先行先试"政策，先行区积极推动医疗技术、设备、药品与国际接轨，与世界排名前 30 强的药械企业建立深度合作关系，为国内患者提供急需的国际最新药品器械，有力促进国际先进医疗资源与国内健康需求有效衔接，在先行区内实现"中国首用"，助推全球领先的创新药品、先进疗法和健康服务更快更好地惠及更多群众。

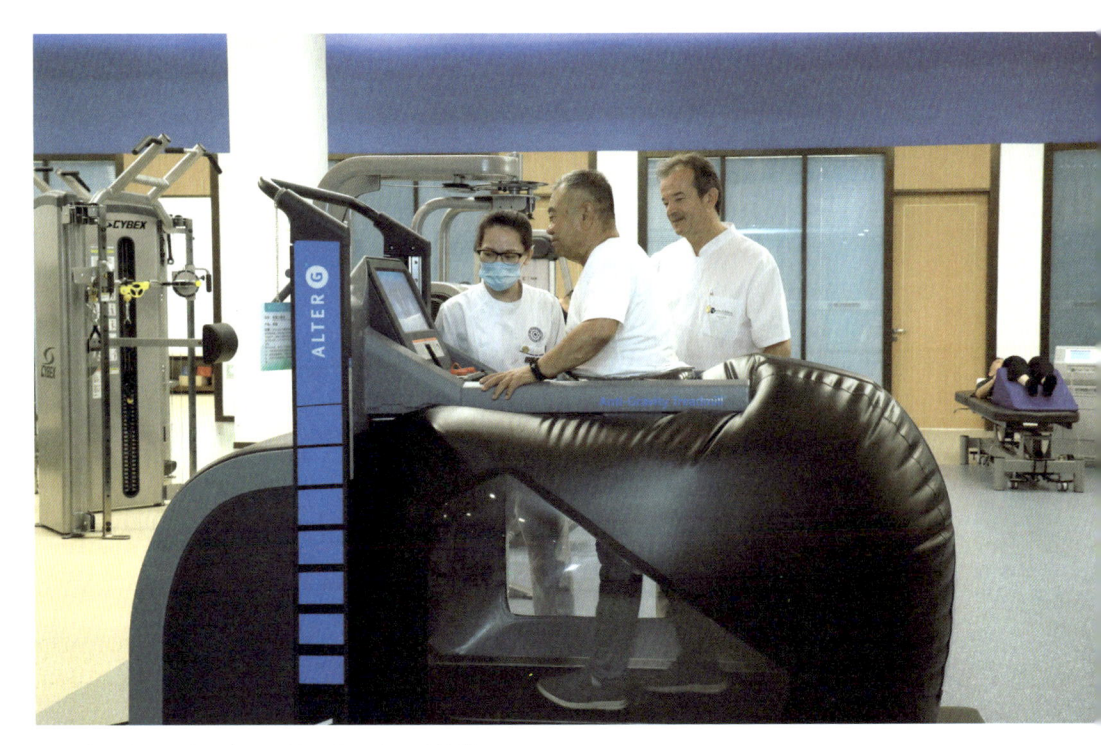

病人在反重力跑台上训练（海南省图片社供图）

借助先行区特许药械政策，区内医疗机构可引入国际先进设备和药械产品。目前在区内使用的未在国内上市创新药械已达数百种，其中包括群众关注的治疗渐冻症、阿尔茨海默病、帕金森等疾病的药物。通过特许医疗，越来越多的国内患者不用走出国门、远渡重洋，在先行区即可用上国际最前沿的创新药品和医疗器械。

依托乐城的特许药械政策，渐冻症靶向新药也在先行区完成国内首例应用。2024年3月21日，全球首个SOD1-ALS的靶向治疗药物托夫生注射液（Tofersen）落地先行区内的上海交通大学医学院附属瑞金医院海南医院。Tofersen可发挥对因治疗的作用，用于治疗携带超氧化物歧化酶1（SOD1）基因突变的肌萎缩侧索硬化（ALS，又名"渐冻症"）成人患者。得益于"先行先试"政策，SOD1-ALS中国患者从此不用走出国门，即可在瑞金海南医院使用这款创新药物。

2008年出生的昭昭是Ⅰ型神经纤维瘤病（NF1）患者，伴随其成长的是颈椎反弓、从颈椎到两只手臂布满神经纤维瘤，打在颅骨上的10根钢钉和连接的头环、牵引架，以及每日服用的抑制纤维瘤药物。一直以来，昭昭面临着不能手术、无药可吃，没有更好治疗方案的处境，直到上海交通大学医学院附属第九人民医院李青峰院长团队帮昭昭向乐城相关医疗机构进行用药申请并获得通过。2021年3月，昭昭在李青峰教授团队的帮助下，在先行区博鳌超级医院完成了治疗Ⅰ型神经纤维瘤病的创新药物司美替尼（selumetinib）国内首例临床治疗，并且可以依照先行区相关政策"带药离园"。至此，她终于用上了她妈妈从2018年就祈盼能用上的特效治疗药物，成为国内首例用上这款特效药的NF1型患者。

过去国内患者想要植入国际最新一代的人工耳蜗，必须远赴国外。如今，不出国门，在先行区即可直接使用世界新款人工耳蜗产品。在先行区进行人工耳蜗手术的年龄层十分广泛，包括婴儿、小朋友，还有成人听障患者。其中代丽娜通过在先行区植入人工耳蜗，重返有声世界的故事尤其感人。代女士在大学与友人进行交流时偶然发现自己听力出现障碍，高频听力缺失，此后工作生活受其困扰良久，直到2021年11月在先行区的恒大医院成功植入最新款的人工耳蜗。

截至2024年6月，先行区已引进临床急需进口特许药械产品412种，惠及患者累计7万余人次，其中16款药械产品（4款药品、12款器械产品）通过使用乐城真实世界数据作为辅助临床评价证据在国内获得注册批准，覆盖肿瘤、免疫、眼科等多个领域，成为国际创新药械快速进入中国市场的最主要通道之一。比如，博鳌一龄嘉科口腔健康中心于2024年1月正式开业，目前已落地10款口腔特许药械。又如，博鳌乐城爱尔眼科医院落地先行区两年来，已有20多款国际创新眼科药械率先使用。

先行区始终秉承国家赋予的战略定位，为百姓提供与国际同步的创新药械供给，为罕见病等疑难杂症患者寻找新药、新械和新疗法，并将罕见病产品导入中国市场。一般来说，药品上市从临床试验到审批，往往需要耗时3至5年，但依托先行区政策平台，等待周期大幅度缩短，患者无须远赴海外，就可以用上最前沿的药品和医疗器械。同时，不少阿尔茨海默病、渐冻症、高血压、过敏性鼻炎等患者也在先行区"零时差"用上了新药。先行区内医疗机构还可通过邀请国外权威医生来华坐诊、远程视频会诊、中外专家多学科团队联合会诊等形式，让国内患者不用出国，也能看全球顶尖专家、在全球范围内优选治疗方案。国际创新药械加速落地，国内外优质医疗产业项目接连入驻，先行区已从"政策高地"迈向"平台高地"。

"共享医院"：先行区提供医改乐城经验

先行区为国内医院体制改革提供乐城经验，多种新型诊疗形态的医院在这

潮起海之南

块"试验田"扎根发芽。先行区不断深化"1+X"（"一个共享医院平台 + 若干院士、专家领衔的专科"）共享医院模式，让医疗机构或团队可租可购，高效率低成本进驻、落地园区，而汇聚于此的国际创新药械也吸引着院士、专家医疗团队。

博鳌超级医院（海南省图片社供图）

先行区提供一个集聚全球一流医疗资源、共享公共医疗的平台，并以其开放的医疗理念，吸引世界顶尖专家和团队，使其发挥优势特长，打造医疗对外开放合作的国际窗口，为海内外患者提供与国际同步的医疗服务。

共享医院（平台）由政府医疗投资平台参与，采取混合所有制形式运行，手术团队自行划定收费标准，为病人提供医疗服务。院方向团队收取租用病房、手术室等费用。比如，博鳌超级医院打破传统医院里的上下级关系，手术团队与院方之间形成一种类似"机场"与"航空公司"的新型医院运营机制。院士团队做手术，共享院方提供的门诊、消毒、影像等基础医疗设施保障，双方互相购买服务。

由民营资本投资的肿瘤医疗专科医院推出预约就医、多学科诊疗、国际转诊等新型医疗服务。患者不仅可以根据自身基因特点和生活习惯接受个体化治疗方案，还可以由中外专家共同商定诊疗方案，不出国门即可获得国际诊疗服务。

国际先进药械企业和医疗机构不断进驻先行区的同时，人才聚集效应也进一步凸显。截至2023年10月，先行区医疗机构共引进51个院士专家团队，设立13个院士工作站，引进各类人才2406人，其中外籍人才20人。知名的医疗

俯瞰博鳌乐城旅游先行区瑞金医院（海南省图片社供图）

机构、顶尖的医疗药械和专业的医疗人员为提供先进的、便捷的国际医疗服务提供多维度支撑。专业的医疗人才不仅带来国际一流的诊疗方案，而且成为国际医疗与国内医疗交流联动的桥梁。先行区的医生享受先行先试的政策红利，利用先行区特许国际交流的优势，年轻医生可以与外国院方合作诊疗，直接从外国同行身上学习国际医疗前沿技术。

保险助力：先行区引领医疗消费回流

国外创新药械往往价格昂贵，为解决患者"用药难、买药贵"、让更多患者用得起特许药品，先行区创新"医保＋商保"模式，推出"乐城全球特药险"。通过商业保险为未纳入《基本医疗保险药品目录》的国外特药提供支付保障。消费者以几十元的普惠价格即可获得100万元特药费用保障，乐城特药纳入北京、上海等43个省市普惠健康保药品目录，累计参保5770.79万人次。

目前共有9家医院成为医保定点医院（瑞金、树兰、未来、恒大、超级医院、德雅、爱尔眼科、一龄、干细胞医院），外地患者在属地完成异地医保申请后，即可在先行区就医期间使用医保报销。如今，先行区不仅是国内众多患者眼中的"希望之城"（Hope City），更是中国医疗对外开放的窗口，全球各大药械厂商和医疗机构深度合作的平台。

"永不落幕"的国际创新药械展

2021年4月13日上午，先行区国际创新药械转换中心正式投入使用，当天，被称为"永不落幕"的国际创新药械展（以下简称"药械展"）开幕，来自16个国家36个地区的80家全球参展厂商带来了810种药械产品进驻转换中心参展，其中441种未在国内上市、394种首次在国内亮相。

第四章 对标世界最高水平的开放形态——开放之岛

药械展是目前中国唯一一个可以展示未在中国上市的国际先进医疗药品和器械的展览，300余种国际先进药械将在先行区全年开放展出，是世界先进药械市场与中国市场重要的沟通桥梁。截至2024年6月，已有412种特许药械在先行区使用。先行区引进国外的先进器械，是跨国药企进入中国内地市场的新窗口，同时也是中国创新企业向全世界展示的一个重要窗口。

作为第四届消博会海南博鳌乐城分会场，此次除了800多款国内外创新药械，还有19家企业约1300款特医食品和保健品展出。先行区展示"引进来"的医疗资源和产品，助推国内大健康产业公司借助消博会平台"走出去"，让消费者沉浸式体验来自全球医疗健康领域的精品和新品，拉长健康消费的链条。先行区已成为海外健康食品进入中国的重要窗口。

2021年4月13日，在博鳌乐城国际医疗旅游先行区国际创新药械转换中心，一位意大利的与会嘉宾参观药械展（海南省图片社供图）

临床真实世界数据应用:"探路者"

先行区是我国第一家国家级国际医疗旅游产业园,尤其是"支持乐城开展真实世界临床应用研究"这一政策使中国患者尽可能"零时差"用到全球最新最好最先进的药械,推动先行区成为我国医药改革真正意义上的探路者。

创新药进入中国的"快速道"

海南在全国率先开展临床真实世界数据应用试点研究,探索将未经中国注册、批准在先行区使用的特许药械临床数据,转化为真实世界证据,用于在中国注册审批,推动国际最新药械加快在中国上市,为国际创新药械加速进入中国市场提供"绿色通道"。

截至 2024 年 4 月,先行区引进多家外资医疗机构和药械企业;与 20 多个国家 170 多家药械企业建立紧密合作;进口药械货值总额 14.731 亿元。已有 34 款临床急需进口药械品种在先行区开展临床真实世界数据应用试点工作,累计 16 款试点药械产品通过利用乐城临床真实世界数据辅助临床评价获得国家药监局批准国内注册上市,极大地降低了全球创新药物进入中国市场的成本。先行区大幅缩短审批进程,利用"极简审批"推动全球最新药械通过先行区快速进入中国市场。在先行区收集真实世界数据,开展真实世界研究,获取真实世界证据,为支持临床急需进口医疗器械的加速上市、适应证的延展和临床研发等提供了有效通道。

2022 年,一款降低肿瘤化疗患者骨髓抑制发生率的全系骨髓保护药在中国获批上市。受益于海南临床真实世界数据应用试点政策,这款药从美国上市到中国进口注册获批仅用时 17 个月。按正常流程，一款新药在中国上市需 3 至 5 年时间。真实世界研究为真实世界数据应用于监管决策积累了宝贵的经验，为我国药械审评审批制度改革、提升全球创新药械产品在我国临床使用的可及性，提供了新的途径和方案。

推动药械审批改革

国家药品监督管理局医疗器械技术审评中心以临床需求为导向，推动医疗器械创新发展，支持先行区探索将临床真实世界数据用于医疗器械注册和监管决策实践。先行区推动乐城真实世界研究及医疗科技创新成果转化，通过真实世界研究引领聚集资源平台、博鳌研究型医院等临床平台、建设医工转化平台等孵化平台和联动海口高新区等产业平台，加速推动先行区成长为世界一流的医疗科技创新平台。

推动真实世界研究从"试点"阶段转至"提升"阶段，为探索我国深化药品医疗器械审评审批制度改革提供海南实践。

潮起海之南

三、"陵水黎安国际教育创新试验区"：
新时代教育开放发展新标杆

2018年，《中共中央、国务院关于支持海南全面深化改革开放的指导意见》提出，"鼓励国内知名高校和研究机构在海南设立分支机构""鼓励海南引进境外优质教育资源，举办高水平中外合作办学机构和项目"。2019年6月，教育部与海南省政府联合印发《关于支持海南深化教育改革开放实施方案》，明确提出"支持海南建设国际教育创新岛"，"全面深化教育改革、扩大教育开放，把海南建设成为中国特色社会主义教育开放发展、创新发展的生动范例"。

"大共享+小学院"模式："国际教育+"

"4·13"以来，海南省累计签约各级各类教育合作项目130余个，总投资420余亿元，累计签约引进47所国内外知名高校和88所知名中小学校，累计引进各类教育人才2.5万人，2100多名高层次人才踊跃参与国际教育创新岛建设。海南陵水黎安国际教育创新试验区（以下简称"试验区"），由教育部和海南省共建，于2020年6月3日挂牌成立，是国家深化改革教育开放进程中的桥头堡。试验区是海南自由贸易港13个重点园区之一，是教育部支持海南建设国际教育创新岛的先导项目。以打造国家级教育创新发展示范区，打造高素质、国际化、

第四章　对标世界最高水平的开放形态——开放之岛

2024年5月22日，俯瞰海南陵水黎安国际教育创新试验区（海南省图片社供图）

创新型人才培育基地，打造"一带一路"国家学生留学重要目的地和打造新时代中国教育对外开放新标杆的集中展示窗口为目标。

"中外合作办学"

"4·13"以来，海南不断深化教育改革开放，鼓励支持教育部门和有关院校采取"请进来、走出去"的方式积极推动对外合作办学，通过引进国内外知名高校开展中外合作办学和外方独立办学，打造中国面向世界的国际教育交流平台。

试验区对标海南建设中国特色自由贸易港对教育发展的新要求，服务海南"三区一中心"国家战略定位，支撑以旅游业为龙头的现代服务业发展，突出国

潮起海之南

际化和开放型特色。试验区可实现多所国内外知名高校创新联合办学，是打造以中外合作办学和境外高校独立办学为特色的国际一流教育园区，目前已签约引进了国家首批一流大学、一流学科建设高校，4所世界百强外方高校及其他学科专业优势突出的世界知名高校共计22所，在校师生总人数约2000人。

试验区积极引进境内外一流教育资源，举办一批高水平中外合作办学机构（项目）。目前已获批8个中外合作办学机构（项目）：中国传媒大学考文垂学院、电子科技大学格拉斯哥海南学院、北京邮电大学玛丽女王海南学院、北京体育大学阿尔伯塔国际休闲体育与旅游学院、中央民族大学密德萨斯学院等5个中外合作办学机构，以及中央民族大学与澳门城市大学合作举办的数据科学

首批学生参观试验区规划展厅沙盘（海南省图片社供图）

与大数据技术专业本科教育项目、中国传媒大学与英国阿伯泰大学合作举办的数字媒体技术专业本科教育项目、中国传媒大学与美国密歇根州立大学合作举办的新媒体专业硕士研究生教育项目等3个中外合作办学项目。此外，东南大学、北京邮电大学、电子科技大学、天津大学、同济大学5所高校实现单列研究生计划招生。长安大学选派研究生层次国际留学生入驻学习。

试验区按照"两个要求"和"四种模式"引进国内外知名高校。"两个要求"即引进境外理工农医类高水平大学、职业院校独立办学；引进国内知名高校中外合作办学。"四种模式"即引进境外顶尖高校独立办学，国内外知名高校新设中外合作办学，现有优秀中外合作办学的示范扩展，国内外知名高校合作实验室、国际学分课程等创新培养。

"大共享 + 小学院"

所谓"大共享"是指试验区内入驻各高校物理空间上，图书馆、公共教学楼、体育场、宿舍、食堂等公共设施全体学生共享使用。同时，试验区以内设的国际联合学院为载体，打造国际通识课程、国际创新实践教学、国际大师班等"大共享"软件平台，构建起中外互鉴、文理互通、学科互融、课程互选、学分互认、管理共商的"五互一共"创新办学模式，促进高校发挥各自学科优势，共享教育资源、共建教育体系、共治教育园区，更有利于培养面向未来的高素质、国际化、创新型人才。试验区推动学生"一校入学、多校选课、多地实践、多个学位"，打造多元文化融合、多学科融合、中西互鉴的一流国际教育体系。目前开设共享课程33门，包含通识课和专业课，涵盖思政、文化、体育、心理、基础数学等学科。"小学院"指各高校根据自身学校文化和学科特色需要，配建专享小学院，打破学校、学院、专业之间的界限。通过采用"大共享 + 小学院"创新办学理念模式，试验区探索打造一流国际教育体系路径。

试验区推行的"大共享"并不是简单的物理空间叠加,"大共享 + 小学院"的办学模式,让不同高校学生可以自由交流,帮助大家开阔视野,更加适合未来交叉学科发展趋势。同时,还可以促进高校发挥各自不同的学科优势,进行优势资源的交换和互补,实现高校间共享教育资源、共建教育体系、共治教育园区的目的。

试验区对标海南自由贸易港对教育的新要求,紧扣国家战略和海南四大主导产业,打造特色鲜明、优势突出的学科专业体系,突出国际化和开放型特色,打造"1+3+N"学科专业核心竞争力——"1"指基础学科群,是提升学科竞争力的重要基石,包括数理化、文史哲等理科学科和人文基础学科。"3"指3个应用学科群:文化旅游学科群,包括旅游、酒店、会展、文化、艺术、体育等,主要服务海南旅游业和现代服务业发展;以电子信息为核心的高新技术学科群,包括计算机、电子信息、人工智能和大数据等学科专业;生态环境学科群,包括生态学、生物技术、环境科学、环境工程等。"N"是根据海南自由贸易港建设实际逐步开展的特色学科,如设计、动漫、物流等,以及新型交叉学科,如数字传媒、数字设计、金融科技等。

"学在海南 = 留学国外"

试验区的一位教师说,"试验区的环境真的很不错。我这里指的不仅仅是自然环境和建筑环境,这些当然都很漂亮,其实更吸引我的是人文环境和学习环境。举个例子,试验区是'大共享 + 小学院'模式,图书馆、公共教学楼、体育场、宿舍、食堂等公共设施全体学生共享使用。我每次去食堂,环境干净卫生,物价还很低,服务还特别好。在食堂经常看到很多外籍教师,可以经常和他们交流互动。人是在海南,但是氛围很'国外',尤其是学术的氛围都很浓郁。这是我最喜欢的一点"。对于学生来说,也是如此,真正感受到"学在海南

= 留学国外"的氛围。

试验区是推动海南国际教育创新岛建设的重要平台，也是中国唯一以教育对外开放为核心使命的教育园区。"学在海南 = 留学国外"是试验区突出打造的品牌名片。试验区中外合作办学模式，把学校和教师"请进来"，每年学费约8万~10万元，降低留学成本，让中国学生能够享受到国际化的教育资源和人才培养模式，为中国学生提供更多"在中国、学世界"教育选择。

试验区以"一流高校、一流学科"为标准，引进全球知名院校。试验区获批8个中外合作办学机构项目落地，中国学生不用出国门，在海南就可以享受世界一流大学的优质教育资源和不同国家、不同高校的文化氛围。试验区内的中国传媒大学考文垂学院，围绕"智能媒体 + 技术"和"智能媒体 + 艺术"开展本、硕、博三个层次的人才培养。学生完成中英双方联合制定的培养方案，即可获得中英双学位，"学在海南 = 留学国外"。

据统计，中国每年出国留学的留学生约70万人，带来的服贸逆差高达1000万美元。留学海南为促进境外教育消费回流发挥了重要的功效。此外，"教育 +"带来的人才集聚、产教融合优势，同样为本地发展新兴产业提供了机遇和扎实的人才支撑。在试验区，不仅学生"学在海南 = 留学国外"的愿景得以实现，国内外教师交流学习国际一流教育教学理念和方式的平台也得以搭建。

"教科产城"融合发展示范区

试验区总规划面积12.72平方公里。一期规划面积5.81平方公里，主要承载国际教育功能；二期规划面积6.91平方公里，主要承载"教科产城"融合发展功能。

从空中俯瞰，黎安国际教育创新试验区的布局宛如一个"人"字。根据整体规划，试验区实行教育、科技、产业、城市融合发展，"一撇"部分主要承载国际教育功能,"一捺"部分则依托高校人才智力优势培育发展新兴产业。

目前,在实现开园办学的基础上,试验区正在同步谋划和推进科研平台建设、科研成果转化、科技企业孵化等事项。未来,试验区将以更加开放的姿态,承接国内学生、引进国际知名高校、走向世界,试验区期待来自国内外更多的关注。试验区还承担着中外名校示范办学的集中展示区加速建成,探索成为"一带一路"国家学生留学的重要目的地、面向未来的高素质国际化创新型人才培养基地。

试验区培养德智体美劳全面发展的社会主义建设者和接班人,为国家深化教育改革开放、加快推进教育现代化、建设教育强国提供可复制可推广的经验。试验区立足海南独特区位优势,对标"三区一中心"定位,顺应经济全球化发展新形势,适应中国特色自由贸易港新要求,积极主动扩大教育对外开放,吸纳、聚集、培育全球一流教育资源,打造21世纪海上丝绸之路教育新航标。

培育一批有影响力的教育机构及教育服务机构,大力发展教育服务贸易,打造国家级教育创新发展示范区,打造高素质、国际化、创新型人才培养基地,打造"一带一路"国家学术留学重要目的地,打造新时代中国教育对外开放新标杆的集中展示窗口和中国特色自由贸易港建设的重要先行区,为中国扩大教育对外开放和建设海南自由贸易港作出重要贡献。浪奔潮涌,试验区教育开放正蓬勃生长,成为将海南自由贸易港打造为引领中国新时代教育对外开放的鲜明旗帜和重要开放门户。

"比科大":第一所境外高校独立办学

海南比勒费尔德应用科学大学(以下简称"比科大")是一所经中华人民共和国教育部批准设立,由德国比勒费尔德应用科学大学(以下简称"德国比科大")在海南省、儋州市政府和德国联邦教育与研究部大力支持下创办的一所具有独立法人资格的国际化创新型大学，是中国境内的第一所境外高校独立创办的高等教育机构，也是德国公办高校在中国办学的首个高等教育机构，更是海南深入推进高水平教育对外开放的首创性项目。

2019年，时任海南省省长访问德国，开启了海南与比科大的交流与合作。比科大是中国与德国在高层次应用型人才培养领域合作的灯塔项目与示范项目，作为海南省重点建设高校，得到中德两国政府的高度重视并受到中国教育部以及德国教育研究部的大力支持，学校创办期间受到德国德意志学术交流中心（DAAD）资助。海南省人民政府和儋州市人民政府在政策、资金和用地方面给予了鼎力支持。

2023年秋季学期，比科大正式落地招生并入驻黎安国际教育创新试验区办学。过渡期办学地址位于试验区，永久办学地址位于海南省儋州市洋浦经济开发区。比科大规划用地面积约1000亩，总建筑面积约37万平方米，规划办学规模为12000人，是一所独立办学的非营利高校。比科大目前有两位校长，德方校长为柯宇亘博士（Jürgen Kretschmann），中方行政校长为关乃佳博士。

"就读比科大 = 留学德国"

"我家孩子成绩其实还可以，但达不到985或211院校的录取要求。去普通的大学吧，我们担心孩子毕业后的就业问题；出国留学吧，一方面是巨额的留学费用让我们难以承担；另一方面，出国距离太远，我们又不放心孩子。所以，有种'向上够'我们还不足，'向下看'我们又看不上的心理。但比科大给了我们这类'中间家庭'一条新出路。在这里，孩子可以享受'性价比'比较高的国际化教育，作为父母，牵挂也少一点，加上海南的环境也很好，我们很放心也很开心孩子在这里上学……"这位学生家长对比科大的认可，其实也是对海南教育开放认可的生动注脚。

潮起海之南

2021年6月发布的《中华人民共和国海南自由贸易港法》规定，境外高水平大学、职业院校可以在海南自由贸易港设立理工农医类学校。比科大，即中国境内的第一所境外高等教育机构在海南自由贸易港设立的应用科学大学。同中外合作办学（项目）不一样，比科大是境外高校独立办学（相当于德国比科大在海南设立的分校），不需要中方教育机构共同参与举办，让中国学生实现真正的"本土留学"。比科大开创了德国与中国在高等教育和职业教育领域合作的新局面，运用德国比科大的实践嵌入式创新模式培养工程类与经济类人才，开创了中德教育合作项目新篇章。

比科大立足海南自由贸易港和国际教育创新岛建设大背景，依托中德教育资源精华及海南自由贸易港的区域科技优势，引入德国独具特色的"实践嵌入式"校企协同育人模式、注重产学研用深度融合的人才培养模式及德国先进的应用型人才培养教学理念和教学方法，融合中国国情、文化与教育精华，从海南自由贸易港的建设与中德企业人才需求出发，搭建学生与企业的桥梁。

比科大2023年本科生学费为每人每年人民币8万元，2024年开始学费为每人每年人民币10万元。同动辄数十万百万的留学费用相比，在比科大即可享受高性价比的德国留学。尤其值得一提的是，比科大独具特色的学位授予方式。一是中国学位：满足学位颁发条件的合格毕业生获得中华人民共和国教育部承认的学位。二是双学位：符合专业及语言条件的学生可赴德国比科大学习一年，成绩合格者可获得中德双学位。

"原汁原味的德国教育"

比科大引入德国比勒费尔德应用科学大学"实践嵌入式"教育模式，提供原汁原味的德国教育，真正实现中国高校"在地国际化"教育。海南比科大1:1复制德国比科大的专业课程，全英文授课，专业课师资团队由德国比科大选派及全球招聘组成，同时还需在德国比科大接受培训，并且兼具国际化的学术水平及丰富的企业工作经验和教学经验。目前的中文课程则由试验区的国际联合学院统筹安排。比科大属中国教育部正式批复设立的高校，接受教育主管部门教育教学质量监管。

"实践嵌入式"培养模式不等同于简单的实习，而是职业技能教育的重要组成部分，按照计划每学期都安排学校教育和企业实践，且实施校企学分互认。比科大的学生从大二即开始实习环节，较早与企业需求进行对接，从而一方面将所学知识应用于实践；另一方面通过实习实践丰富理论学习。这对于学生的就业选择来说非常有益。比科大的人才培养以应用创新为指引，以大学生就业、服务地方区域经济文化和社会发展为导向，培养符合经济与社会发展需求的、拥有坚实的科学理论基础和系统的专业知识并且具有国际视野、跨文化沟通能力及创新精神的高层次创新型、应用型、复合型人才。

比科大非常注重与周边的企业和机构，尤其是驻华德国企业，联合培养实践型的人才。比科大将德国应用型人才培养模式和职普融通、产教融合、科教融合的先进经验引入国内，为培养更多具有国际视野和跨文化能力的高技能人才提供新思路、新模式和新方案，为吸引更多的德国企业落户海南提供人才支撑。未来，海南在充分利用自由贸易港各项政策措施基础上，引进德企来琼，与比科大的教育实践形成更好的良性互动互通。

比科大目前开设电子信息科学与技术和计算机科学与技术专业，未来将陆续开设港航智能物流、机电自动化、电气工程、机械工程、可再生能源、汽车技术和自动驾驶、经济工程、国际化企业管理、工业质量管理、产品设计等服务先进制造业和高新技术产业的专业。

比科大的设立和成功招生，为探索中德两国在高等教育和高层次应用型人才培养领域的合作树立了一个新的里程碑，同时，也成为中德人文交流与合作的新典范和重要平台，将为推动海南自由贸易港地域经济的发展作出卓越贡献。

小康不小康
关键看老乡

第五章

托起稳稳的幸福——共享之岛

习近平总书记指出,"中国式现代化,民生为大。党和政府的一切工作,都是为了老百姓过上更加幸福的生活"。党的二十届三中全会指出,"在发展中保障和改善民生是中国式现代化的重大任务"。民生大事,从日常生活小事聚起,民生事大,关乎群众生活方方面面,涉及教育、就业、医疗、养老……民之所盼,施政所向。自党的十八大以来,海南坚持在发展中保障和改善民生,在健全基本公共服务体系、提高公共服务水平上下功夫,在增强公共服务的均衡性和可及性上出实招,人民群众获得感、幸福感、安全感更加充实、更有保障、更可持续。教育、就业、医疗、养老都是人民群众"急难愁盼"。海南牢记习近平总书记的嘱托,始终以人民为中心的发展思想,推动民生事业高质量发展,厚植幸福生活根基,托起广大群众稳稳的幸福。

潮起海之南

一、均等化：家门口上好学

教育是民生之基，是关乎千家万户和中华民族未来的大事，海南持续推动教育优质均衡发展和城乡一体化，持续优化教育资源布局，下大力气切实办好人民满意和自由贸易港建设需要的教育。

教育兴则国兴，教育强则国强。海南始终坚持教育优先发展，推动教育高质量发展。合作化办学、集团化办学是海南推动优势教育资源均衡发展的重要举措。2017年，省委、省政府启动海南省"一市（县）两校一园"优质教育资源引进工程，以高位嫁接"优质教育基因"的方式，在全省每个市县至少引进1所省级优质中学、1所小学和1所幼儿园，以此辐射带动周边基础教育，实现优质教育资源扩容增量、提质增效。

截至2021年底，海南19个市县已全面完成了"一市（县）两校一园"的优质教育资源引进工程，超额完成原定的57个目标任务。截至2024年4月底，全省共引进国内优质基础教育资源项目88个，提供优质学位超17万个。

强教必先强师，海南强化教育人才队伍建设，不断开创教育发展新局面。通过"好校长、好教师"引进工程和培育工程不断壮大校长教师队伍，提高教育队伍整体素质和专业化水平。

值得一提的是，"十三五"期间，全省共引进1.8万名中小学"好校长、好教师"，75.33%的校长、教师到贫困地区、民族市县、乡镇以下学校任职任教，补齐教育薄弱地区人才短板，极大缩小海南城乡教育人才配备差距，促进优质教育基本均衡发展。

县中孩子"回流"：合作办学引外省优质资源

万宁市具有崇文重教的历史传统，社会各界对教育历来十分重视。2012年以前，万宁市教育在全省长期徘徊于中游位置，优质教育资源相对薄弱。每年有大批万宁优质生源流失外地，许多家长背井离乡陪孩子外地求学。

为了有效解决优质教育资源供给问题，万宁市委、市政府经综合研判，锁定"依托名校办教育、引进名师育人才"的教育发展模式，把引进国内一流教育资源作为推动教育改革发展的切入点。

2012年4月，正值北京师范大学省校考察团到万宁、三亚、儋州考察之际，万宁市拿出极大诚意并主动提出把建好的万宁中学新校区让给新学校使用。一

北师大万宁附中校貌（海南省图片社供图）

份合作协议框定权责，抓住办好教育的根本，让懂教育的人办教育、管教育。

经过北京师范大学全国"海选"，在湖南岳阳担任多年校长的张东海成为新学校第一任校长，成为闯海逐梦办教育的"好校长"。"没有好老师，何以办名校？"张东海校长全国选聘优秀教师，结合本地教师资源，组建成一支拥有340余人的教师队伍。

2012年8月，一所全新的学校——北京师范大学附属万宁中学（以下简称"北师大万宁附中"）诞生。这是一所敢于创新、大胆逐梦的学校，这是一所缔造教育"奇迹"的学校，这是一所搅动教育"海水"的学校，这是一所令万宁人无比骄傲的学校。

2012年首届招生，形势十分严峻。学校建校时间短、经验不足、师资不强……质疑不断给招生带来了巨大考验。学校位于万宁市城北开发新区，初中划片区招生，生源中不乏低分学生。高中招生不仅比原计划的招生人数少了约200人，而且招到的高一新生录取线低于万宁普通高中招生平均分10分，低于海口普通高中招生平均分14分。

经过3年拼搏，2015年，北师大万宁附中首次高考和中考成绩揭榜，震惊全省教育系统。高考一本上线率46.2%，二本上线率90%；初三学生中考平均分为705.9分，位居全省第一，之后连续3年名列全省之冠。

经此一试，北师大万宁附中在全市乃至全省声名鹊起。一位家长激动地发信息给时任校长张东海："从此，万宁学子无须再游离海府找名校了，因为万宁也有名校——北师大万宁附中。"

从此，万宁学子回流大潮势不可当。自2015年北师大万宁附中首届中考、高考以来，逐渐形成了万宁生源陆续从周边市县回流的可喜局面。2015年全市中小学在校生67919人，到2023年全市中小学生76675人。万宁多所学校报名人数均超过学生计划招生数，大量本地学子就近上好学，更有外省、外市县就读的万宁生源回流，周边市县的优质生源前来求学。

第五章 托起稳稳的幸福——共享之岛

北师大万宁附中举行"庆华诞，颂祖国"大型活动（海南省图片社供图）

3年办成全市名校、5年办成全省名校、7年成为全国教育系统先进集体、8年成为北师大全国70多所附属学校的排头兵……一项项荣誉背后是一群教育追梦人执着的付出与努力。办学12载，北师大万宁附中不仅培养出6位学子圆了清北梦（均为裸分考取），更圆了大多数学子"上理想大学""读名牌大学"的梦，2022年、2023年本科率100%，一本上线率从2021年的46.2%上升到2023年的93%，2024年全力向100%冲刺。

北师大万宁附中践行"办人民满意的教育"，不断满足人民对更好教育的期盼，蹚出"县中"突围新路子，照亮万千小城学子的成才之路，托起千家万户对美好未来的期盼。小城有了名校，辐射带动和示范引领工作就有了抓手，教育扩优提质的万宁实践更值得关注和期待。如今，北师大万宁附中早已成为撑起小城学子求学梦的殿堂，学校稳居省教育高地，师生规模已超5000人，400亩的校园里绿树成荫，充满了孩子们的读书声、笑声、歌声。

家门口上名校：集团化办学扩围优质学校

海口市在构建优质均衡的基本公共教育服务体系工作中始终走在海南省的前列。海口积极拓展教育集团建设成效，建立15个市级教育集团和15个区级教育集团。到2024年12月，全市义务教育阶段公办学校100%纳入集团化管理，完善集团化办学机制，全面推行教师"区管校聘"管理体制，促使更多优质教育资源下沉。

海口市琼华小学是海口市秀英区长流镇的一所农村小学。该校招生范围为琼华村、儒显村两村庄，由于此片区家长大多外出务工，生源流失现象严重。"如何留住学生"成为学校发展的重要课题。

2022年9月，在海口市教育局和秀英区教育局的指导下，琼华小学成为海口市滨海第九小学教育集团的成员学校之一。海口市滨海第九小学办学历史悠久，师资力量雄厚，教育质量高，是注重学生综合素质培养的市属公办学校，是社会各界普遍认可的一所老牌名校。琼华小学更名为海口市滨海第九小学教育集团琼华小学。学校各方面工作在核心学校的带动下有了质的攀升。海口市滨海第九小学积极作为，通过建章立制、人员互派、课程建设、"一室两线五坊"教师成长带教、"云联研"主题研修活动等方式探索集团办学特色路径赋能成员学校。2022年9月，核心学校派出2名执行校长，3名专家专职驻校教学，3名骨干教师兼职支教入校进行帮扶。琼华小学派出1名副校长、3名教师进入核心学校跟岗学习，参加"青蓝工程"帮扶计划。通过执行校长和骨干教师互派，精准助力琼华小学管理和教学提升。一年多来，核心学校指导各科业务、教学管理工作，与琼华小学合作往来密切，来往总数达52次之多，有效提升了琼华小学的教研质量，推动了教育教学深度融合。

第五章　托起稳稳的幸福——共享之岛

海口市滨海第九小学美丽沙分校开设"科学小制作"特色课程（海南省图片社供图）

在核心学校的帮扶下，琼华小学教师教育教学能力不断提升，教育质量监测成绩显著提高。2023年，琼华小学参加小学教育质量监测的学生，总合格率为57.83%，比2022年提升14.33%；总优秀率为22.89%，比2022年提升14.19%；总平均分比2022年提升30.56分。琼华小学因此荣获海口市秀英区教育局授予的2023年小学教育质量监测（非城镇类）"先进学校"称号。

一场"蜕变"悄悄发生。随着学校办学条件不断完善，学校课程体系不断优化，课堂呈现越来越有吸引力，学生自信的笑容多了，家长认可度高了，前来求学的学子越来越多。2022年至2023年，学校从原有的10个教学班增加到13个教学班。2023年一年级招生达3个班120人，比2022年多了66人；二至六年级均有在城区上学的学生"回流"就读。教师队伍由30人增加至35人。自集团化办学以来，琼华小学教学质量和成绩大幅提升，群众认可度越来越高。家门口的学校正快速成长为家长和学生都认可的理想选择，成为上得了的"名校"。

琼华小学只是海口市集团化办学的一个缩影。海口市教育局相关负责人表示，"海口把集团化办学作为推动基础教育优质均衡发展的重要抓手，让城乡学生共享优质教育资源"。同时，海口还不断完善教研员联系薄弱学校制度，建立"中心校带教学点""一校带多点、一校带多校"等教学教研组织模式，推动办学格局从局部优质向整体优质转变和提升。

2022年6月底，海南全面启动推进基础教育集团化办学工作。截至2023年底，全省已创建教育集团项目113个，其中，跨区域教育集团项目12个，县域内教育集团项目101个，覆盖学校315所，培育新增优质学位25万个，实现全省18个市县全落地。海南在各市县通过核心学校带动新建学校、薄弱学校、农村学校，不断提升办学质量，扩大优质教育资源总量、优化教育资源配置、促进区域教育基础教育优质均衡发展。集团化办学让农村孩子享受到与市区孩子一样的优质教育，实现了农村孩子在"家门口"就读"名校"的愿望。2024年8月31日召开的海南省委八届五次全会提出，促进基础教育集团从外延式发展向内涵式发展转变。

每个孩子都有好学上："名校+"赋能区域教育大发展

中国人民大学附属三亚学校（以下简称"人大附中三亚学校"）是海南省合作化办学项目之一，2016年签订办学协议，2017年11月学校启动施工，2018年宓奇校长领队的管理团队赴三亚参与建校工作，2019年9月正式开学。

人大附中三亚学校首届高中招生，除有50名提前批招生以外，其余均为中考二批次招生，分数线为501分，三亚市第4410名。三亚市前100名的学生只有16人，低分学生占比较高。经过3年的培养本科上线率达到97%，重点本科

第五章　托起稳稳的幸福——共享之岛

人大附中三亚学校大门（人大附中三亚学校供图）

人大附中三亚学校全景图（人大附中三亚学校供图）

潮起海之南

率达到85%，高考各科平均分跻身海南省前列。

学校位于三亚市海棠区田尾村，划片招生，多为来自农村的学生。第一届中考毕业生平均分751.57分，优秀率55.11%，在三亚市排名第一；其中800分以上的学生94人，占34.43%，代表三亚跻身海南省教育第一方阵。学校实现了广大家长"低进高出，高进优出"的教育期盼。2023年，人大附中三亚学校被认定为"省一级甲等学校"，成为全省名副其实的名校。

人大附中三亚学校自成立以来，作为高质量教育资源的重要承载者，在三

人大附中三亚学校小学部、初中部、高中部开展生动有趣的小游戏，学生与家长共同参与（海南省图片社供图）

亚教育领域发挥了显著的辐射和带动作用。该校依托强大的背景和优质资源，通过教育创新、师资培训、社区参与以及开放共享等多种方式，对周边地区及三亚的教育现代化作出了积极贡献。

在资源共享和社区参与方面，学校通过建立开放的教育资源共享平台，向周边学校开放图书馆、实验室等教学资源，向对中考体育训练有实际需求的海棠区周边学校开放运动场所。学校组织教师与学生深入社区，开展形式多样的宣传活动、志愿服务。

在集团化办学方面，与林旺中学"组团"，两校在教育教学资源共享、教师培训和交流、学生活动和科研合作等方面展开了密切的合作。在教育教学资源共享方面，人大附中三亚学校向林旺中学提供了高质量的教材、教案和教学视频资源，并共享了先进的教学设施，如智能教室和实验室等。在教师培训和交流方面，人大附中三亚学校选派了28位骨干教师与林旺中学教师进行师徒结对，通过定期的培训和互动，提升了双方教师的专业水平和教育教学能力。此外，人大附中三亚学校还开展了支教活动和心理健康帮扶，选派10名教学骨干和专职心理教师到林旺中学任教，开展活动。

在科研合作方面，人大附中三亚学校与海棠区的学校共同开展了小课题研究，提供了培训和辅导，提高了海棠区教师的研究能力。学校派出了13名教师，辅导海棠区其他学校的15个小课题。2022年春，海棠区2021年立项的15个小课题中有11个小课题如期结项，其中省优秀2项，区级良好4项，校级合格5项。这些成绩填补了海棠区小课题研究的空白，海棠区教育局为此专门向学校发来感谢信。

在推动区域教育发展方面，学校还通过三亚市人才发展局和三亚市教育研究培训院指导成立的三亚市宓奇名校长工作室发挥引领带动作用，2023年度共组织工作室各学校校长学员参与5场培训活动，邀请了10位知名教育专家举办讲座授课，开展校长之间的交流研讨，分享各自的管理经验与办学成果，促进了校际合作与共同进步。学校的教科研年会邀请三亚市各学校的教师团队参加，共研教育发展的新方向，形成教研共同体。人大附中三亚学校联合总校定期选派教育专家到三亚各学校举办讲座和研讨，帮助当地教师更好地理解和掌握新的教学方法和教育理念。

人大附中三亚学校不仅托起了三亚学子的"腾飞梦"，更赋能海棠区乃至三亚市教育高质量发展，最大化发挥名校的示范引领带动作用。一所学校赋能多所学校，一所学校带动一个区域，强势推动三亚教育的高质量发展。每一个生活在三亚的孩子都有好学上，都能实实在在享受到名校资源。

二、门路广："就业是最大的民生"

就业是最基本的民生，是最大的民生工程、民心工程、根基工程。2022 年 4 月，习近平总书记在海南考察期间指出，要"实施更多有温度的举措""落实更多暖民心的行动""继续实施减负稳岗扩就业政策"，为海南全面实施就业优先战略指明了方向。高校毕业生和农民工是重点就业群体。澄迈县大丰镇通过推动农业、农村现代化，壮大第三产业，优化产业结构，高质量推动重点就业群体创业就业稳步发展，成效显著。

青年返乡创业促就业

才存共享农庄位于澄迈县大丰镇才存村内，是由返乡大学生徐取俊于 2012 年创办的。徐取俊，生于才存，长于才存。刻在骨子里的乡土情结、家乡情怀始终让他心系家乡的发展。徐取俊一度通过读书"跳出农门"，成功留在大城市，工作生活稳定，但他做了一个"离经叛道"的决定，带着工作积累的管理经验和筹到的 50 万元毅然回到家乡"逐梦""筑梦"。

创业之初各种从未预料到的困难，让这位意气风发的年轻人陷入困境，萌生退意。好在有大学生返乡创业政策支持，村、镇、县领导干部"撑腰"，村民们的理解支持，让徐取俊有了更足的创业底气。实干和"点子"催生了"农业＋"

潮起海之南

澄迈县大丰镇才存村共享农庄（海南省图片社供图）

新业态，共享农庄项目逐渐走上正轨。近年来，为鼓励和扶持大学生返乡创业，澄迈县大力实施人才驱动和创新驱动战略，支持创新创业的政策体系逐渐完善。

经过举办一系列活动和宣传推广，农庄吸引了越来越多的客人。村子热闹起来，有了新活力，村民有活干、有钱赚，村庄的面貌焕然一新。经过10余年的发展，农庄被打造成"三产"融合、农村资源盘活、带农益农效益明显的示范项目，经营范围包括果蔬种植、农产品加工、文娱休闲、会议培训等。

农庄先后获得省农业农村厅认定的"省级共享农庄"，省旅文厅认定的"五椰级乡村旅游点"，中组部、农业农村部认定的"全国农村实用人才培训基地"等荣誉。

农庄做大做强后，逐渐成为吸引年轻人返乡创业的"磁铁"与平台，吸引

第五章　托起稳稳的幸福——共享之岛

带动 6 名本村大中专毕业生回乡合力创业，共谋村庄发展大计；吸引 14 名外来大中专毕业生参与农庄经营管理，依托农庄孵化新的经营项目。农庄吸纳了 52 名乡亲"家门口"就业，人均年收入超 3.5 万元。

让乡村成为更多有志青年"希望的田野"，需要创业政策支撑与资金扶持，需要平台搭建。自 2013 年起，澄迈县在海南省率先开展"扶持返乡入乡大学生自主创业评选活动"。截至 2023 年底，澄迈县共计开展 8 期活动，累计扶持返乡入乡创业大学生 276 人次，兑现扶持奖励资金 1335 万元，撬动创业资金近 2 亿元。澄迈青年创业协会为返乡年轻人搭建交流平台，徐取俊当选首届会长，目前协会已经吸引了 3000 多名大学生返乡创业，创办市场主体超过 300 家，有效带动解决农村就业问题，提供就业岗位近 5000 个。

澄迈县大丰镇才存村共享农庄（海南省图片社供图）

潮起海之南

家门口有业就

符秀文，家在大丰镇的一位"90后"宝妈，是进村就业年轻人群体中的一员。她在三亚、海口、老城做了10余年酒店管理工作，业务能力过硬。自从有了孩子，"干起工作陪不了孩子"的无奈让她萌生辞职回家的想法。她的老公从事自由职业，没办法过多关注家庭，两人深入沟通后，秀文坚定了想法。

2023年春节一过，秀文辞掉了老城酒店主管一职，回到大丰镇，当起全职宝妈。身份转换，却改变不了她对酒店管理行业的热爱与向往。

在澄迈县大丰镇才存共享农庄的才存咖啡馆，咖啡师为游客现场制作咖啡（海南省图片社供图）

第五章 托起稳稳的幸福——共享之岛

4月的一天,她接到镇就业驿站电话,通知其到才存共享农庄面试。虽然农庄有民宿,但经营业务比酒店多了很多,这既能把以往的业务知识用上又能学习到全新的知识,着实让秀文中意。当前,全省已经建成了244个就业驿站,覆盖全省的乡镇、重点园区、高校、城市社区,成为打通城乡求职者便利就业的"最后一公里"。

5月,秀文成了农庄大家庭中的一员,她来到骑电动车只要10分钟路程的农庄,开启了进村工作的新生活。全新的工作环境,全新的业务领域,让渴望学习提升的秀文从一线服务员着手学了起来。煮咖啡、做饮品、搭配套餐、办会议、开亲子活动……样样都是学问,样样都要边干边学。早上,秀文把孩子送进幼儿园,便来到农庄开始了充实而又忙碌的一天。下午6点回到家,父母做好可口的饭菜,孩子早已在家里等候妈妈,一家人享受着以往只有节假日才能团聚的美好时光。

2024年4月,秀文被提拔为咖啡馆、民宿的业务主管。现在,秀文觉得"工作很开心,能够就近照顾家庭,待遇虽然比大城市少了些,但工资和'五险一金'加起来还是很丰厚的,感觉很踏实安心,农庄早已成了我的家,愿意一直干下去"。她也表示"幸好徐总回到家乡(成功)创业,让我在农村找到满意的工作,让以往在城市里积累的工作经验回到农村有地方施展"。2024年9月,她的孩子在大丰镇小学读书,农庄工作也进入新的台阶,秀文对未来的生活充满期待。

一次邂逅,一个华丽的转身,一场人才与乡村的"双向奔赴",跨越城市与农村的界限,在广阔的乡村舞台挥洒青春、实现梦想。正是一批批有知识、懂技术、会经营、善管理的新农人扎根农村,搭建了农村与城市无缝衔接的桥梁,让"家门口有事做"成为当地年轻人创业的新思路、就业的新渠道。

产业发展带动一方就业

海南京邦达供应链科技有限公司是京东物流集团海南总部企业，于 2017 年 11 月在海南省澄迈县注册成立，位于澄迈县大丰镇境内，业务涉及海南全省的仓储、配送、售后、供应链服务等方面。

目前，全省共有京东自营配送站点 84 个、便民点 147 个，业务覆盖全省 18 个市县。企业有员工 2150 人，海南本地员工占比 85%。企业用工年龄集中在 18~38 岁；学历多为中专，用工需求量大的快递员、站长、理货分拣员等主要集中在大专及以下学历。

企业提供"六险一金"、餐补、住宿等有竞争力的福利及畅通的晋升通道，平均薪资达 6000 元，让快递员、仓储分拣员、客服人员等新就业群体有保障能发展。在企业内，无处不体现出有包容力、有温度的"兄弟"文化，让广大员工备受尊重，有家的归属感。加入企业成为乡镇、县域年轻人理想的工作选择。随着企业的快速发展，海南物流业人才梯队逐渐壮大，为产业纵深发展蓄积大量的人才资源。

走进位于澄迈县大丰镇金马物流园的京东亚洲一号澄迈智能物流园区，数辆厢式大货车进出园区，来自各地的物流订单汇集于此，传送带不停传输，京东智慧物流自主创新设备与工人的默契配合，显现出一派繁忙而又秩序井然的景象。

园区内 8 个物流仓库全部投入使用，日处理订单量最高超 40 万单。园区内提供超 1200 个就业岗位，仅吸纳大丰镇本地就业人数达 300 余人，就业稳定性较强，一大批小镇青年跟随企业共同成长，一部分青年已走上企业领导岗位。

随着经济快速发展，产业格局不断优化，城乡差距逐渐缩小，乡镇也为返乡青年、新生代农民工提供了创业、就业的沃土。随着知名物流企业的入驻，

第五章　托起稳稳的幸福——共享之岛

京东亚洲一号澄迈智能物流园区内快递物流分拣（海南省图片社供图）

越来越多的小镇青年发现在家门口就能称心就业，就能学到知识、赚到钱。对于小镇青年来说，回乡就业意味着告别他乡就业的苦恼与无奈，积极寻找生活与工作的平衡，重新定义生活的美好。"逆城市化"的返乡、入乡就业趋势显现。稳定而有保障的务实生活态度、高质量有竞争力的充分就业让越来越多的小镇青年"守望""扎根"家乡，用实际行动助力家乡的建设发展。

每个家庭都有人在企业工作

大丰镇境内独特的红树林生态资源吸引了企业进驻，为发展带来了新机遇。自大型地产公司进驻大丰镇后，住宅、公园、酒店等相继落成，富力红树湾被成功打造成康养旅游度假胜地。

2012年,广州天力物业发展有限公司澄迈分公司进驻小区,为小区提供物业管理服务。企业优先向周边农村提供保洁员、绿化工、水电工、管家、客服等岗位,用工人数常年稳定在270余人。据统计,企业82%的员工为大丰镇及周边乡镇的村民,员工大多为高中以下学历,平均年龄40岁,平均薪资3000~4000元。

据盐丁社区党支部书记介绍,自2009年企业进驻后,赋能乡村新发展,解决了当地村民的就业难题,很多村民从农民、渔民转型成为企业员工,生活也因此得到了较大改善。"村中几乎每个家庭都有人在企业工作,现在家家户户都盖了新房,买了小汽车。"

"越干越得劲"的郑婷

40岁的郑婷在紧邻富力·红树湾小区的盐丁村长大,后嫁到附近的荣仁村。小学文化、带着两个孩子的她,从未想到自己会从保洁员一路成长为保洁班长、保洁主管到现在管理服务1264户片区的管家。

2012年富力·红树湾小区落成,物业企业入驻,跟着老公在工地当临时工的郑婷欣喜地看到企业招聘信息,抱着试试看的心态,28岁的她成功应聘保洁岗位。

年轻的郑婷不甘心永远当一名保洁员,骨子里要强的劲头让她比同事更出色地完成各项工作。通过勤恳工作、无私付出,她从保洁员一路晋升为企业中层管理者,从普通农村妇女成长为一名共产党员,跟随企业同频成长,实现华丽变身。

12年来,她一直坚守"给岗位就一定要干好","遇到困难往前冲"的信念。"下班也不愿回家"仍投入工作,"像照顾自己家人一样"服务好业主,教带帮扶企业员工，带领同事台风天巡检小区，主动为生病业主做饭打扫卫生，为没有儿女陪伴的高龄业主过生日……她的表现得到公司领导和小区业主一致肯定和好评。

奋斗方有回报，努力生活才能把美好愿景变成现实。2021 年底，她跟老公用攒下的"家底"，外加自己稳定工作收入的流水向银行贷款 20 万元，建起 300 平二层混凝土楼房。2022 年，新房装修完毕并入住。为了方便去海口看望读大学的儿子，她又购置了一辆二手汽车。稳定的家门口就业"托举"起一家人红火的日子。

"越干越得劲"的郑婷在稳定工作中不断成长，获得力量，褪去自我怀疑和对生活的无力感，成为有能力护佑家人，为生活提供稳定支撑与保障的职业女性。有一种底气是兼顾好工作和生活，有一种幸福是家门口稳定就业。郑婷在工作中不断成长为更好、更有力量的自己，实现了工作和生活"两头甜"。

案例："看重离家近的踏实感"

36 岁高大帅气、皮肤黝黑的王应泉是富力·红树湾小区的保安队长，手下管着 70 多名保安，是业主们有求必应、有事必到的"老朋友"。

他是盐丁村村民，跟着父母住在村里，家里排行老六，上面有一个哥哥和四个姐姐。儿时家庭条件不好，调皮捣蛋的他初中毕业就步入社会。

2012 年，他图着离家近顺利应聘成为小区一名保安。年轻人普遍不看好的保安工作，他一干就是 12 年。正是执着坚守和踏实勤勉让他成长为小区的保安队长。

走上管理岗，他越发意识到学历的重要性。2022 年，他开始利用业余时间取得函授大专学历。也从那时起，不时有企业向他发出邀约。更看重"离家近""一家人在一起""方便照顾年迈父母"的踏实感，让他一一回绝了邀约，只想一门心思地带领团队当好小区的守护者。

返乡大学生"接地气"的创业项目起到聚智聚才的作用，解决大学生、专业技能人才、农村劳动者的就业需求。物流企业属于现代服务业，市场竞争力强，发展前景广阔，兼具知识密集型和劳动密集型特征。企业注重高素质、专业化的人才队伍建设，就业门槛较高，主要吸纳劳动力市场中强势劳动者和普通劳动者。物业公司主要吸纳来自周边农村、文化程度不高、缺少就业技能、年龄偏大、家庭负担重、在就业市场竞争力不足、就业机会少的弱势劳动者。

家门口就有多个岗位、有竞争力、助力个人晋升成长、保障到位的稳定工作。高质量充分就业成就小镇劳动者的求职梦，托起有奔头的幸福生活。

三、夯基础："小病不进城，大病不出岛"

曾经，海南医疗卫生事业相对滞后，难以满足当地群众的就医需求，一些省内患者不得不出岛到广州等发达地区求医。为了快速提升医疗服务水平，实现"小病不进城、大病不出岛"的目标，海南省通过优质医疗资源扩容和区域均衡布局，在质量和结构上全面推进医疗卫生事业的发展。

截至2023年底，海南省28家医院与北京、上海、广东、四川、湖南、湖北、山东、河南、陕西等兄弟省份的31家医院和医学院校建立了帮扶合作关系，引进了郑州大学医学院、四川大学华西医院、上海交大医学院附属瑞金医院、上海市东方医院、青岛大学附属医院等多家优质医院和医学院校，全面提升全省医疗水平和服务能力，切实让群众不出岛也能享受优质医疗服务，满足人民日益增长的高层次、多样化的医疗服务需求。

随着优质医疗资源集聚岛内，优质医疗资源区域均衡布局也取得积极成效。海南省持续推进优质医疗资源下沉，从重塑全省医疗资源布局入手，聚焦县域医疗领域的短板弱项，推进人才、技术、管理、服务等资源要素全面下沉。全力推进紧密型医联体建设，已基本健全管理体系和运行机制，县域医共体建设工作走在了全国前列。

通过对乡镇卫生院、村卫生室进行标准化建设叠加县域医共体建设，切实筑牢筑实基层医疗卫生服务网，发挥稳定的托底功能。近年来，海南省投入23

亿元开展 1274 个基层医疗卫生机构标准化建设。全省实现"1 小时三级医院服务圈、15 分钟城市健康圈、30 分钟乡村健康圈"全覆盖，群众就医获得感明显增强。

小病不进城：基层医疗机构标准化建设与县域医共体建设

张阿公，74 岁，曾是附近金江农场的职工，在保亭响水镇生活了 60 多年。患有高血压的他经常感觉到头晕、头疼、眼花、耳鸣。由于到县城医院看病来回加上排队的时间，至少要一天的时间；一个人出行不便，需要子女陪同，耗时费力。他因为"懒得跑"，一直拖着，病情很不稳定。

2024 年 1 月中旬，听镇干部说响水镇卫生院有了 CT 机，可以做检查了。张阿公骑上电动车 10 分钟就到了镇卫生院。很快，张阿公就拍上了片子。等待读片的时候，张阿公对镇卫生院医生读片能力打了个问号。

卫生院的医生打消了张阿公的顾虑，医生详细解释了诊断报告的由来。CT 片子是传输到县医院，由县医院医生作出诊断。通过整合县域医疗资源，到乡镇卫生院就可以享受到县医院的诊疗服务，最大限度地满足了群众的医疗服务需求。

2023 年 12 月，保亭医疗集团为响水、加茂、三道三个偏远的乡镇安装了 40 排螺旋 CT，在省内开了"卫生院有 CT 机"的先河。在县医疗集团总院的技术支持帮扶下，开展同步同质医疗服务，为偏远乡镇的患者节省时间和减轻经济负担。

通过乡镇卫生院的软硬件持续提升，保亭县乡镇卫生院住院人次、门诊诊疗人次持续提升，响水镇卫生院门诊人次同比增长 58%。乡镇卫生院是农村居民的基本医疗保障，办好乡镇卫生院，让群众就近看病、看好病，减少医疗费用支出，有效缓解城市医院就诊压力，有效实现了"小病不进城"。乡镇医院得到县医疗集团的"实力加持",越来越得到群众的信任和依赖,成为群众就近就医的首选,得到了发展新机遇。

案例:生命接力:"基层首诊"转诊"县医院手术"

2023年11月13日中午11:25,80多岁的昌江县符阿公因胸痛被家人送进乌烈镇中心卫生院。11:34卫生院医务人员给其做心电图检查提示心肌梗死,即刻将心电图结果通过网络传输至昌江医疗集团总院并致电请胸痛中心会诊。

心内科主任兼胸痛中心医疗总监郑伟民阅图后考虑该患者为急性下壁心肌梗死,建议行急诊PCI,同时一键启动导管室做好手术准备,并要求卫生院做好术前谈话。

11:35符阿公病情加重,呼吸困难,口吐白沫,意识不清,呈休克状态,乌烈镇中心卫生院医务人员立即给予其心肺复苏,心电除颤一次及相应抢救措施。

13:44乌烈镇中心卫生院120救护车将病人送达医疗集团县中西医结合医院大门口,经胸痛中心绿色通道,符阿公直接被送到导管室,此时早已在导管室焦急等候的郑伟民介入团队立即接收患者,最终介入团队凭借过硬的心理素质和娴熟的手术技巧,快速且顺利为患者疏通了血管并置入一枚支架,从进门到导丝通过时间只用了54分钟。术后符阿公病情平稳,恢复良好,11月18日已从重症监护室转入普通病房继续观察治疗。

镇卫生院诊疗技术和条件的全面提升、胸痛救治单元工作的扎实推进、胸痛中心畅通的绿色通道,为符阿公赢得了生机,提升了县域急救能力和效果。乌烈镇中心卫生院胸痛救治单元凭借精湛的技术和丰富的经验,已经成功救治多例心梗患者。这也充分体现了基层过硬的救治转诊服务能力和胸痛中心成熟的救治方案。

通过县域医共体打造出资源整合、流程简化、救治高效的急救"高速路"。如今，村民们小病可以在基层医疗机构看好，重病、急病可以通过乡镇卫生院的初步检查，快速转诊，在县内得到及时有效的救治。这有效地将"小病不进城"与"大病不出岛"衔接起来，为群众撑起健康保护伞。

大病不出岛：优质医疗资源合作帮扶

外省优质医疗资源全岛"开花"，帮扶带动效果显著。通过省外优质的医疗机构、专家团队开展帮扶合作，许多市县医院常见病、多发病甚至急重症的诊疗能力得到极大提升，为增加市县域内就诊率提供保障，从源头上破解跨省远距离求医的难题。市县医院与省外医院、专家团队建立起了长期、固定的联系，促进了优质医疗资源的下沉。

省外医院、专家团队派人对市县医院的管理、业务、技术进行指导，加快推进县医院学科建设，增强县医院核心竞争力，协助市县医院创建及推动胸痛中心、卒中中心、创伤中心、危重儿童新生儿救治中心、危重孕产妇救治中心等五大中心创建工作，多个受帮扶县医院引入多项适宜新技术新项目，进一步提升市县级医院诊疗服务能力。

2018年，昌江县人民政府与武汉大学人民医院签订医疗帮扶协议；同年11月，武汉大学人民医院昌江医疗集团正式揭牌成立，成为海南省第一个实行紧密型县域医共体建设的全国医改试点，也是国内第一个将医疗卫生体系"以县为单位"整体打包给国内知名三甲公立医院帮扶的试点。

第五章 托起稳稳的幸福——共享之岛

自合作帮扶以来，武汉大学人民医院先后派驻147名专家到昌江，同时接收昌江本地73名业务骨干进修学习，推动昌江医疗集团开展新技术新项目47项，开展首例手术13项，获得省级临床重点专科4个，新建专科8个。昌江患者逐步实现"大病不出县"就能得到名医团队优质高效的诊疗，切实提高了群众的获得感、幸福感。

2022年10月26日，家住海尾镇的张大姐，因发现右侧颈部肿块一年多，收住县医疗集团眼科中心。张大姐自述一年前发现右侧颈部有一个包块，手触不疼，这一年来包块逐渐增大，并逐渐出现轻微的胀痛症状，这才逐渐引起她的注意。

张大姐多次想到医院就诊，但考虑到昌江县内没有头颈外科专业的医生，到海口看病花钱不说，检查下来没个两三天回不来，吃住都要花钱，家里农活也走不开，所以就一直没管，任由病情发展。

当张大姐听说昌江医疗集团来了武汉大学人民医院的专家，就决定来找武汉的专家看看。武汉大学人民医院耳鼻咽喉头颈外科派驻专家汪斐教授查看患者后，开具颈部CT检查，检查结果显示患者右侧颈项部深面，颈椎横突旁肌肉组织内可见约4厘米大小的钙化样包块，须住院手术治疗。

张大姐家人当即办理住院手续。入院后张大姐做了全面的术前检查，排除了淋巴结继发恶性肿瘤，初步判断是一个骨骼来源的良性肿物。因手术风险较大，需要骨科领域医生参与，汪教授立即邀请骨科、麻醉科主任会诊，制定了详细的手术方案，尽全力确保医院头颈深部手术顺利进行。

张大姐于10月28日上午做了颈项部肿物切除术，手术持续约90分钟，在医护人员的通力配合下，手术非常顺利。经过术后精心照护，张大姐没有出现任何术后并发症，一周后顺利拆线出院，病理结果显示为骨化节结。家人悬着的一颗心也就此放下。

这次颈深部肿块切除术是昌江县首例，实现了昌江县在该领域零的突破，填补了县颈项深部肿块切除手术的技术空白，为医疗团队积累了实战经验，为类似手术的成功操作打下坚实基础。在江教授带领下，医护团队从业务讲解到实操，从常规手术到高难度手术，医疗团队业务技能有了极大的飞跃。

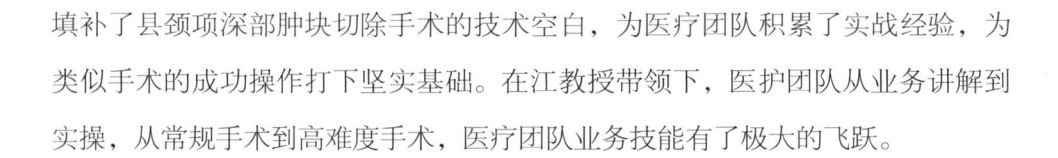

"京医老专家智力帮扶海南"

2023年11月底，由国家卫生健康委离退休干部局和海南省卫生健康委共同组织的第八轮"京医老专家智力帮扶海南"项目，在海南省万宁市人民医院启动。该项目自2016年12月启动，每年定期组织在京退休名医和老专家分批、轮流到海南坐诊，带动和促进省整体医疗服务水平。使患者在家门口就能享受到全国著名专家的高品质诊疗服务，更有岛外患者慕名而来，门诊量、手术人次逐年增长。

目前，已有496人次的京医老专家智力帮扶海南，门诊量达到了7万多人次，开展手术1000多台、查房4000多人次，讲座授课和临床技能培训达3588人次，带教3200多名青年医生，开展新技术项目18个。

在京医老专家的帮助下，海南省各受援医院在医院管理、学科建设、技术开展等方面的水平和能力均得到提升。老专家、老教授充分发挥"传、帮、带"作用，为帮扶医院培养了一批"带不走的、业务过硬的医疗人才队伍"。

马秀清是一位来自东北的退休妇产科专家。2017年，马秀清来到东方市东方医院担任妇产科业务主任。2018年上半年，一位产妇在分娩后瞬间大出血，失血量高达3700毫升，并出现休克症状，命悬一线，现场医护人员立即向马秀清报告。经过诊断，她立刻判断造成产妇大出血的原因是子宫内翻。这是非常罕见的分娩期并发症，死亡率很高。在马秀清40多年的从医经历中，曾亲自处理过两例。

当时情况紧急，需要立即给产妇压迫止血。她一边指挥紧急输血抢救病人，一边亲自主刀操作进行子宫内翻复位手术，数小时的手术最终取得了成功。她不仅把产妇从死亡线上拉回来，还保住了产妇的子宫。

在马秀清主任的"传、帮、带"下，医院妇产科从原来一级医院技术水平逐步提高到三级医院技术水平。马主任还逐层培养人才，重点培养学科带头人，培养了主任医师 1 名、副主任医师 3 名、主治医师 3 名；提高科室管理能力、带教能力，组织医学基础理论学习、运用理论指导实践；通过制定妇产科医疗规章制度（教学查房、岗前培训、周讲课、月讲座等），开展危重病人抢救、疑难杂症诊治、手术示教；开展新业务新技术 16 项，填补了东方医疗技术的空白，快速提高了东方医院妇产科危、急、重症的治愈率及抢救成功率。

妇产科主治医师杨静静说："妇产科此前只能进行简单的剖宫产手术，马主任过来后，科室医生的技术水平得到快速提升，如今医院可以开展三级手术、抢救危重产妇，给许多危重、疑难和急诊病人带来生的希望，重症孕产妇不用再往海口、三亚以及省外跑了，越来越多的患者慕名而来，群众的认可度越来越高，医院的知名度和影响力也越来越高。"

县域诊疗技术和服务能力的带动提升有效满足了当地群众就近就医的需求，节省了跨区域治疗的时间和经济成本，有力缩小了医疗资源的地域差异，高质量地实现了"大病不出省"的目标。

四、强保障：铺展最美夕阳红

"老有所养""老有所依"是"实施积极应对人口老龄化国家战略"的重要举措。"十三五"以来，海南省相继出台了30余项法规政策性文件，夯实制度根基，让养老更有"底气"。累计投入财政资金36亿余元用于养老服务，社会福利和救助制度不断完善，困难老年群众救助标准逐年提高。仅2023年，海南

2024年8月6日，老人在屯昌县南坤镇坡林村的"长者饭堂"就餐（海南省图片社供图）

省为 11 万人次特殊困难老年人提供探访关爱服务，实施特殊困难老年人家庭适老化改造 6200 余户，发放高龄补贴和长寿补助金 2.4 亿元，累计发放经济困难老年人养老服务补贴 1700 余万元。海南省还创新推广"高龄津贴"智能快办服务，80 岁以上老年人足不出户即可办理申领业务，实现"零表单、零材料、零跑动，智能办、随地办、精准管"，进一步提升了老年人的幸福感。

老有所养："每个月都可以领到养老钱"

80 多岁的黎族王奶奶是琼中县红毛镇番响村的老人，她十分健谈，说起现在的生活，笑容挂在嘴边："现在生活很幸福，很满足！现在政策好，每个月都可以领到养老钱，儿女的负担小很多，自己和老伴身体都不错，平时种种菜、养养鸡，两个人的养老钱根本花不完……"

养老金对农村老年人养老保障意义重大。这笔逐年提高、稳定的现金收入虽然不多，但对支付基本生活开销，减轻子女负担，改善生活发挥着重要作用。

番响村现有居民 305 户 1049 人，其中 60 岁以上老年人有 191 人，高龄老人有 35 人。村里的老人乐天知命，淳朴热情，经常聚在一起聊聊子孙，谈谈生活。

王奶奶和王爷爷每个月可以领到养老金和高龄补贴近 700 元，镇里的社工、村里的民政协理员、村干部每个月都会上门探视。每年村里组织老年人免费体检，生病都有医疗报销，过年过节还有人上门慰问和慰问品发放。村里的老人身体都很硬朗，种菜养鸡，下田种地，基本生活都没啥问题。现在的养老政策、农村养老服务体系越来越健全，已成为老年人尤其农村老年人安享晚年的"保护伞"。

红毛镇草南村的王奶奶，84 岁，与 63 岁未婚儿子共同居住。目前，两人住在村中一套 80 平方米的平顶房中。经村里核实，王奶奶家有 4 亩已挂果槟榔，除此之外没有其他经济收入。当前两人均已纳入特困对象进行救助帮扶。两人每月均有养老金、特困救助金、经济困难老年人补贴，王奶奶年满 80 岁，每个月还有高龄补贴，能够保障两人基本生活。

王奶奶表示，"虽然儿子没有工作，没有办法给我钱花，但我每个月都能领到钱，比儿子还多，很知足！老年人需要的不多，每个月的钱够花还有剩"。王奶奶在儿子的陪伴照护下，身体很健康，生活很知足。王奶奶儿子表示，"家里缺什么就去买什么，每个月都有人来看望，过年过节有干部上门慰问，看病住院全报销，邻居们也很照顾，基本没有什么烦心事"。

村干部介绍，村里各项政策落实非常到位，尤其是救助金、养老金、高龄补贴、经济困难老年人补贴等，都是及时核对，确保不漏一户，不漏一人。为及时了解掌握老人日常生活和健康情况，镇里安排社工和村里民政协管员每月上门探访，倾听老人的需求，解决老人生活中的困难，提供心理安慰与情感支持。镇民政办重点关注这类家庭，有政府救助兜底，及时转介慈善帮扶项目，提供帮扶资金、物资和上门服务。正是在党和政府的关爱下，基本生活有保障，各项政策服务送到家里，让两位老人养老有保障、遇事有依靠、生活有盼头。

养老保险是社会保障体系的基础。海南省致力于完善多层次养老保险体系工作，稳步提升养老保险制度的整体保障能力，保障好老年人晚年生活。第一，持续扩大基本养老保险覆盖面。截至2023年底，全省基本养老保险参保人数达到715.46万人，较2012年参保人数483.67万人增加了231.79万人，增幅达47.92%。第二，逐年提高城乡居民基础养老金水平。从2020年逐年提高，目前在全国排在前列。2023年，海南省职工和居民养老保险基金收入541.9亿元，较2012年增幅达306.47%；基金累计结余642.26亿元，较2012年增幅达512.03%。基金累计结余持续增加，有效保障了退休人员、老年城乡居民养老保险待遇准时足额发放。

老有所依："1+N+X"居家社区养老服务模式

让老年人在年老体弱时安心颐养天年，有依靠被照拂，这是每个人的向往和期待。这既是老年人的福祉所在，也是让后来人有可期的未来。

海口市琼山区积极探索居家社区养老服务"1＋N＋X"模式，让老年人在"家门口"安享幸福晚年。"1＋N＋X"居家社区养老服务模式，依托"1"个街道综合养老服务中心，将专业养老服务延伸至"N"个社区养老服务站，为"X"个老年人家庭提供"一刻钟""一站式"居家社区养老服务。

走进海南省首个居家社区养老服务"1＋N＋X"试点项目——国兴街道综合养老服务中心，阅读休闲区、茶水区、中医理疗室、评估室、档案室、康复区、托老院一应俱全。

现如今，去养老服务中心成为周边老年人的新生活方式。老人们在那里有老友相伴，有事可做，有乐可享，是老人们的好去处，也是海南探索"养老不

老人们白天在养老服务中心聊天（国兴街道供图）

离家的试验田"。

该中心的建筑面积为 1400 平方米，设有 37 个床位，可以为周边居民提供日间照料、就餐、医疗、康复训练及长期护理等多元化养老服务。

中心现由海南一方养老服务有限公司运营，公司在国兴街道还设有文坛社区养老服务站、巴伦社区养老服务站，依托该中心赋能养老服务站，为居民家庭提供个性化、专业化养老服务。

街道工作人员介绍："我们打造了老百姓家门口的养老院，这跟传统的养老院的模式不一样，传统的养老院基本是在郊区，家人看望十分不便。现在家人随时随地都可以问候看望，也可以通过社区服务平台了解动态。我们同时打造没有围墙的养老院，外面的企业、社会组织、社区里的孩子等各类人都可以走

老人们在养老服务中心工作人员指导下锻炼双下肢关节（国兴街道供图）

进来，跟老人们共融。"

有丰富从业经验的邵女士负责项目运营，她介绍项目运营情况时讲到工作中接触到的一个照护自家老人的例子。她介绍道："我接触到一个家庭，家里两个儿子相当孝顺，兄弟俩合力照顾失能的老父亲，已经照顾了四五年，老人家也已经失语了。虽然尽心照顾，但老人还是出现了压疮。兄弟俩因为不了解处理办法导致老人压疮处发炎，中药、银离子都不管用。后来向我们中心求助，才了解这些药物、护理材料没有达到无菌处理要求，会造成二次感染。他们（家人）一般不懂专业护理知识。"专业养老机构在居家养老中发挥了重要的支持功能，是居家社区养老服务模式科学发展、广泛推广的基本保障。

居家社区养老服务"1+N+X"养老服务模式，既能满足老年人对"养老不离家"的生活期盼，又可以带动更多主体加入爱老敬老助老行动之中，有力托起老年人的幸福晚年。海南省委八届五次全会提出，全面推行城乡居家社区养老服务"建枢纽带站点进家庭"模式。未来，这种新型居家社区养老服务模式在试点的基础上，将逐步在全省推广，服务广大老年人及其家庭。

截至2024年底，海南省正常运营养老机构135家，床位10651张，入住老人5598人，1381个社区开展城乡居家养老服务；全省已建成包括28个区域性养老服务中心、203家老年人日间照料中心、累计服务老年人超过100万人次的66家"长者饭堂"，建成健全的市县、乡镇、村三级养老服务网络，为城乡老年人提供日间照料、老年助餐、互助养老等多样化的养老服务。2021年至2023年，海南省先后有43个社区被评为全国示范性老年友好型社区。一串串数字书写出海南省养老服务事业发展的新篇章。

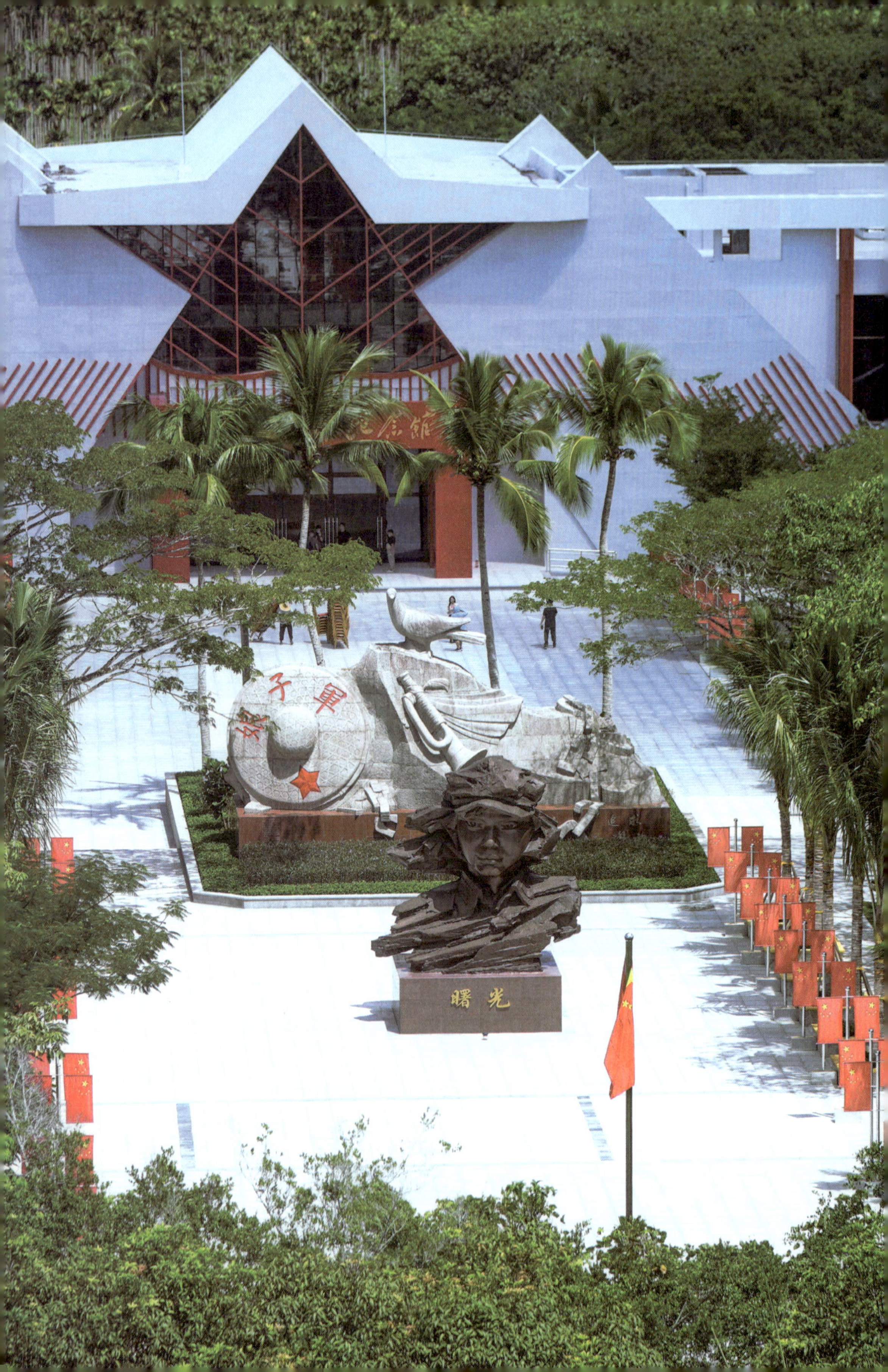
曙光

第六章

党建引领琼岛蝶变——红色之岛

习近平总书记在学习贯彻党的二十大精神研讨班开班式上发表重要讲话指出："党的领导确保中国式现代化锚定奋斗目标行稳致远，我们党的奋斗目标一以贯之，一代一代地接力推进，取得了举世瞩目、彪炳史册的辉煌业绩。党的领导激发建设中国式现代化的强劲动力，我们党勇于改革创新，不断破除各方面体制机制弊端，为中国式现代化注入不竭动力。"作为红色基因代代相传的海南，新时代正是在努力践行习近平总书记重要讲话和指示批示精神的基础上，积极传承发扬"二十三年红旗不倒"的琼崖精神，不断夯实各领域基层党组织建设，更好引领自由贸易港高质量发展。不断坚持和加强党对中国式现代化海南实践的全面领导，是海南从相对落后的边陲海岛蝶变为我国改革开放重要窗口的成功密码。

潮起海之南

一、重引领：
海南控股破难题的"最优解"

习近平总书记指出："坚持党的领导、加强党的建设，是我国国有企业的光荣传统，是国有企业的'根'和'魂'，是我国国有企业的独特优势。"[①] 国有企业是书写中国式现代化海南精彩篇章的中坚力量之一。海南省发展控股有限公司（以下简称"海南控股"）成立于2005年，是海南省政府为实施"大企业进入、大项目带动"战略而成立的国有控股公司，2017年入选海南省首批国有资本投资运营公司试点。

站在海南自由贸易港建设新起点，遵循"一本三基四梁八柱"战略框架指引，对标世界一流企业，不断优化公司业务布局和经营链条，奋力进军中国企业500强、打造百年老店。新时代海南控股党委深入学习贯彻习近平新时代中国特色社会主义思想，全面加强党的建设，以高质量党建引领企业各项改革，促进企业高质量发展。大力弘扬"艰苦奋斗、追求卓越、服务海南"精神，让党建转化为看得见的生产力，在切实扛起自由贸易港建设的国企担当过程中发生了种种华美的蝶变。

[①]《习近平出席国企党建工作会议：坚持党对国企的领导不动摇》，人民网，http://cpc.people.com.cn/n1/2016/1011/c64094-28770122.html。

第六章 党建引领琼岛蝶变——红色之岛

公司党委：领导核心作用

发挥党委把方向、管大局、保落实作用。随着公司的体量规模与业务范围不断扩大，到底如何科学锚定公司未来的主营业务方向？公司党委在立足海南自由贸易港实际，并且组织深入调研的基础上，多次召开党委会议，充分贯彻民主集中制，围绕这一重大议题展开深入热烈的讨论。最终，理清了思路，确立了"海南省重大战略投资平台、重大基础设施建设运营商、自贸港新兴产业生力军"三大发展定位，明晰了"3+2+1"业务布局，即打造机场及临空产业板块、区域综合开发板块和商贸服务板块3个核心产业集群，搭建投资与资本运作板块及清洁能源板块2个赋能平台，并承接指令性功能性业务。正是公司党委及时有效发挥把方向、管大局、保落实的作用，才为公司蹄疾步稳地实现高质量发展、进军中国500强明确了战略方向、提供了科学指引。

进一步增强党委的政治功能和组织功能。坚持"党的一切工作到支部"，确保"公司业务在哪里，党建工作就有效覆盖到哪里"。据海南控股党建部的周先生反映，"海控贸易以前是水电集团下属公司，主要配合水电工程所需钢材等原材料的供应，功能单一。近些年，海南控股为了做大做强贸易板块，于是，把海控贸易从三级公司提到二级公司层级。但是，海控贸易以前是没有建立党组织的，党员只能在地产集团的党组织过组织生活。当海控贸易被提升至二级公司层级后，总公司党委决定设立海控贸易党总支，并成立了海控贸易直属党支部和海南综保海控供应链管理有限公司党支部。海控贸易正是在该公司党总支的领导下，公司业务逐步做大做强，目前海控贸易年营收占海南控股营收总额的1/3以上"。

进一步健全党委履责机制，公司治理持续优化。公司党委深度聚焦"两个一以贯之"，强化顶层设计，深入推进集团化管控改革。对原海航机场板块的并购市场化企业严格落实"双向进入、交叉任职"领导体制，在公司章程中明确党的重要地位，将党的领导融入公司治理、选人用人、安全生产、风险管控等各环节。在总公司党委的有效领导下，海南机场板块的党建工作开展得更加规范、更富成效。自 2022 年以来，初步形成海南机场党建品牌矩阵。其中，美兰机场"星馨逐梦党旗红"获评全国企业优秀党建品牌和省国资系统首批海南自贸港党建品牌，海南机场"五度航途党旗红"获评《国企》杂志党建品牌优秀案例，凤凰机场"凤凰展翅党旗红"获评省国资系统第二批海南自贸港党建品牌。

党员示范岗：攻坚克难的先锋模范

海南控股不断探索组织党员干部深入基层一线实地解决公司发展中的难点问题。各基层党组织也紧扣公司"三大定位"，按照一企一品牌、一支部一特色的要求，创建具有特色亮点的党建品牌，持续打造"做得实、拿得出、叫得响"的自贸港国企党建品牌。各基层党组织结合年度重点任务，广泛开展党员示范岗、党员责任区、党员突击队、党员服务队创建工作，用好攻坚克难党旗班、大会战等形式，在重点项目普设临时党支部，加强日常指导、管理，创新党建工作方法，大力推进创先争优，切实把基层党组织战斗堡垒作用和党员先锋模范作用发挥在一线。

敖荣，曾任海控能建互联网金融大厦 C 座精装修项目的项目经理。他作为一名共产党员，在项目任职期间，始终兢兢业业，任劳任怨，在本职工作中充分发挥党员先锋模范作用，出色完成了上级交办的各项任务。

作为项目经理，他深知自己的一举一动都会直接或间接地影响到身边同事的干事热情。在日常生活和平时工作中，他时刻以党员的标准要求自己，无论是在工作中还是在生活中都力求率先垂范，发挥共产党员的先锋模范作用。

第六章　党建引领琼岛蝶变——红色之岛

互联网项目总建筑面积 5.12 万平方米，总投资 1.46 亿元。敖荣带领 11 名团队成员攻坚克难、夜以继日，承担着大量复杂的专业管理及协调工作，参建单位 15 家，施工高峰期施工人员近 600 人。他主动成立党员突击队，专门负责协调处理各类疑难问题，带领设计、施工等参建各方克服工期紧、任务重、业主要求高、协调难度大等种种困难，为项目快速推进和保质保量提供了有效保障。

为保证工期，他带领项目团队连续近 3 个月发扬"5＋2""白 + 黑"精神，全力以赴赶工期。他每天清晨天微微亮便出门，回家已是深夜。他放弃了所有的周末及节假日，每日奔波于项目上，工作日的平均工时长达 14 个小时，是单位公认的劳模。因照顾不到孩子，他不得不将年幼的孩子交给家中老人照看，孩子总问："爸爸，你啥时候才能回来？"

为了项目的有效推进，敖荣带领团队提前谋划、协调参建各方，针对施工中出现的各类问题，每天组织参建单位现场巡场，从 23 层走到 1 层，每日微信步数超过 2 万步，现场发现的问题，能当场解决的就当场解决，不能当场解决的就列入销项清单，建立销项台账，限期整改完成，确保项目既定投产目标得以实现。

作为一名共产党员，他对待工作始终保持一丝不苟的态度，严抓安全和质量，他推行"网格化管理"的管理举措和"零违章、零隐患、零事故、零容忍"的安全管理"零"理念，建立了完善的安全管理体系。

正是因为严谨负责的工作态度，他此前负责的省妇幼项目曾多次荣获国家及省市级安全文明施工奖项；他负责的互联网项目荣获海南省建筑工程装饰奖，项目团队荣获 2022 年度海控能建质量先进团队、2022 年度最美海控能建突出贡献团队，项目团队成员也被授予海控能建质量先进个人、最美海控能建人等荣誉称号。

潮起海之南

"党建 + 项目攻关"：创优创效的新机制

海南控股扎实推进"党建 + 项目攻关"机制，打造全省首个数字化党建联盟。通过建立赛马机制、组织开展生产经营大竞赛等活动，强化生产经营市场化调度，建立起"按月抓、周跟踪"的工作机制。对生产经营主要指标每周一碰头一调度、每月一总结一部署、红绿榜每月一通报一考核，营造实干苦干、比学赶超的良好氛围，保障项目平稳快速推进，助力公司经营业绩再创新高。仅 2023 年，公司营收就达到 339 亿元，同比增长 84.11%，创历史新高；利润总额同比增长 0.63%，经营性现金净流量较上年增加 58 亿元，完成投资同比增长 26%，投资总额、贡献税收居省属国企第一。

海控能建党支部通过创建"党建 + 工作室"新机制，助力新质生产力在海控能建落地生根。海控能建党支部的"党建 + 工作室"的具体运行载体是党员创新工作室，即创新采用"1＋3＋N"的管理模式，由党支部书记担任领衔人，下设 3 个分室——党建思政研究室、质量品牌创新工作室和技术中心创新工作室；"N"是 N 个课题小组，如 QC 课题小组、降本增效课题小组等。各小组每季度开展一次"创客沙龙"活动，领衔人听取课题负责人的汇报，部署下一步工作。

目前，党建思政研究室已开展"党旗引领·铁军先锋"大党建品牌、项目党建"1＋3"创新机制、先锋指数 + 堡垒指数、新时代产业工人培养等 9 个党建课题研究。技术中心创新工作室围绕工艺创新、二次经营策划创效、BIM 技术创新、项目管理能力提升培训四个方面开展创新创效工作。质量品牌创新工作室围绕项目质量品牌创新案例、QC 课题攻关、安全生产、工程管理、成本管控等中心工作开展创新研究工作。

总之，"1＋3＋N"的管理模式以"业务理论有水平、技术业务有专长、现场工作有经验"的党员干部为核心创建专项攻坚团队，围绕企业热点、难点问题选题立项，组建多个课题小组。正如海控能建党建工作部副主管何栋同志所言，"这种'党建 + 项目攻关'新机制为公司广大党员及一线员工搭建了成长成才的空间，使之成为员工发明创新、企业技能人才培养、员工技术交流和创新成果转化应用的平台"。

美丽乡村作为海南控股市场化运作的新公司，体量小，发展模式无先例可循，营收任务非常艰巨。如何创新发展思路，以"党建 + 乡村振兴"的机制激发全员潜力，以超常规举措让公司活下去是党组织开展党建引领业务发展的重要着力点。

面对项目周边文娱资源及产业配套不足、体量小、单体项目运营吃力等劣势，该公司党支部坚决破除"等、靠、要"的依赖心理，没有资源创造资源，没有条件创造条件，主动认领"揭榜挂帅"榜单，破解乡村振兴产业发展瓶颈，

市民游客在海口美兰区美丽乡村瑶城观光游玩（海南省图片社供图）

潮起海之南

探索打造美丽乡村瑶城模式。揭榜之后,党支部在最短时间内组织成立4支党员一线攻坚队,分别是市场化薪酬激励突击队、探索多元化营收1000万突击队、党建与生产经营融合创收300万突击队和鹿颐酒店冲刺900万突击队。

班子成员带头认领任务,细化工作举措,建立督办考核机制,紧紧围绕难点重点问题,组织广大党员职工攻坚克难,切实把党的组织优势转化为项目发展优势。美丽乡村建设之初,取得合作农户同意及搬迁是进驻开展项目建设的关键条件。为有效推动合作农户签约、搬迁,公司党支部联合当地政府、村民代表和参建各方,在项目一线成立临时党支部和项目联合指挥部,加强与村民的沟通和联系,定期召开党建共建协调会,共同研究解决征地搬迁难、工程进度滞后、施工队伍不力等问题。

临时党支部持续开展"不忘初心跟党走,乡村振兴有奔头"系列活动,和村民一起踢足球、参加公司年会、观看琼剧表演;逢年过节慰问困难党员群众,将当地村民融入项目建设发展中,拉近与村集体、村民的距离,融洽企民情感,取得了村民的广泛理解和支持。最终,公司实现了运营新局面。

市民游客在海口美兰区美丽乡村瑶城观光游玩(海南省图片社供图)

二、促振兴：
水蛟村庭院经济中的"红先锋"

水蛟村位于三亚市天涯区的中南部，辖内有天然温泉，有穿村而过的水蛟溪，有隐藏于山中的德田水库。水蛟村是一个黎族聚居的少数民族村庄，自然淳朴的黎族文化氛围浓厚、民风真挚。除了丰富的自然资源和浓厚真挚的民族风情外，水蛟村的区位优势也很明显，邻近高速公路、火车站、机场，交通方便。水蛟村距三亚凤凰国际机场约3公里，G98高速公路穿村域而过。但是，长期以来，村庄由于资源匮乏，村集体经济非常薄弱。直到近两年，庭院经济崛起，让这个长期经济发展乏力的村庄焕发出勃勃生机。三亚市天涯区水蛟村通过党建引领庭院经济发展，最终促进自身蝶变。

改革试水中的"红先锋"

近年来，水蛟村坚持党建引领，充分发挥村级党组织的领导作用，有效盘活各类资源，不断统筹服务资源，探索实施美丽乡村建设新举措，现在的水蛟村逐步实现了村庄美、产业丰、人民富的美好新图景。

但村子两年前的光景与现在不可同日而语。2022年春节临近，为了让村民过上一个安定祥和的新春，水蛟村党委书记和乡村振兴工作队入户走访，当到一个租户家里时，就在院子里座谈聊天，想听听村民对水蛟村经济发展的意见建议，以及有什么困难需要解决。通过聊天了解到，他每年冬季都会租住在水蛟村，对水蛟村有着特殊的感情，随着聊天的深入，他开始"吐槽"起来，"水蛟村的美中不足是缺乏生活烟火气，吃饭和买东西只能点外卖，最近的地方也要到羊栏村，特别是晚上，除了居住，大家想找个饭店吃饭都不好找，少了一些幸福感"。

针对这一情况，村党委书记董国效深入思考后，召集班子成员与工作队开展了一次座谈会，围绕租户反映的问题开展深入热烈的讨论：水蛟村户籍人口有 6000 多人，常住外来人口有 7000 多人，冬季还有大量"候鸟"租户。有抱怨就有需求，有人气就有流量，有流量就有商机，有商机就能给村民带来收入。经过讨论，大家一致认为农村的房前屋后院子很多，应该把院子改造升级，打造成可以吃饭、休闲的地方。

俗话说，万事开头难。作为一名党员干部，董国效说服家里人后，说干就干，带头和自己的哥哥姐姐开始一起装修自家庭院，带头打了个样。他整合自家庭院资源，打造水蛟小院，把养鸡棚改造成吧台，将老井改造成饭桌，让客人在芒果树下享用农家饭。就这样，他进一步寻找农村里废弃的坛坛罐罐、土砖土瓦、弃木废材，将它们摆放整齐，点缀在院子里合适位置，颇有艺术气息。开业后，每天来小院休憩、聚餐的人络绎不绝。

如今，董书记家的庭院已经成为远近闻名的"网红打卡地"，吃饭的卡座从最开始的 6 个增加到如今的 10 多个。更重要的是，水蛟小院的成功为水蛟村村民打开了一扇致富的"窗口"，使大家知道"自家小小庭院，也可以是致富家园"。为让农户房前屋后既变美丽又能生金，三亚市天涯区委将庭院经济与美丽乡村建设、乡村振兴有机结合，积极探索"一庭一景、一村一品"的模式，大力发展庭院经济，初步实现了"小庭院、大经济"的美好愿景。

第六章　党建引领琼岛蝶变——红色之岛

水蛟小院（水蛟村村委会供图）

　　水蛟村庭院经济如今能够如火如荼地发展，并产生较大的影响力和吸引力，这在相当程度上要归功于：在村党组织书记的引领下，村委会通过村民把闲置庭院充分利用起来，结合当下比较时髦的新消费理念，打造庭院经济，既帮助村民实现增收，也让乡村环境越来越好。正所谓"头雁领航、书记带头干"。水蛟村将闲置庭院重新包装，方寸之地秒变"致富园"，庭院经济正在让水蛟村切实发生蝶变。

　　诚然，利用庭院发展休闲服务业，对水蛟村的村民来说是一种比较新颖的模式，所以，刚开始的时候，确实有很多村民对收入有顾虑，不敢轻易尝试。正是"红先锋"董书记的引领示范，才有效激发了村民的积极性。在村党委书记的带头示范下，短短两三个月时间，村民由起初的不理解、不关心到如今纷

171

潮起海之南

纷加入庭院经济协会，争相发展庭院经济。在各类支持措施的助力下，庭院经济也不断释放农村经济发展新活力，推进乡村振兴、农民增收、和美乡村融合发展。

水蛟小院的夜晚（水蛟村村委会供图）

如今，水蛟村的庭院经济发生了巨大变化。接下来，水蛟村将继续通过党建引领、示范带头、以点带面发展庭院经济，内外驱动为乡村产业注入发展活力。水蛟村将发展庭院经济作为农民就业、创业、增收的突破口，盘活农户房前屋后及院落闲散空间资源，因地制宜发展不同类型、多种经营模式的庭院经济，探索出一条助力乡村振兴、增加农民收入的新路子。

第六章　党建引领琼岛蝶变——红色之岛

庭院经济协会党支部：指导力、整合力、引领力

水蛟村以前的庭院经济发展属于各自为政、无序发展的状态。当前，水蛟村党委及时抓住发展机遇，统筹谋划，深入各家各户了解村民需求，立足实际，大胆探索出一条"以党建为引领，搭建社会组织平台，村民广泛参与"的庭院经济发展新路径。最开始有 4 家村民积极响应，利用自家庭院开起了宠物驿站、卫凯小院、漫时间·露营咖啡等庭院经济打卡点，到后来由点到线，初步形成水蛟村庭院经济集群，庭院经济逐渐成为水蛟村发展农旅融合的新趋势。而这种庭院经济使村居的闲置院落变成了旅游、休闲、消费的新空间，也为村民增收致富开拓出一条新渠道。

漫时间咖啡（水蛟村村委会供图）

潮起海之南

村民的庭院较为分散，如何将小而散的庭院形成合力、打造成品牌？为更好发挥庭院经济带动村域发展的作用，在天涯区委的指导下，2023年3月，水蛟村庭院经济协会及党支部正式揭牌成立，形成了支部引领社团，社团指导农户的新发展模式，这有力促进了庭院经济与建设宜居宜业的和美乡村的融合发展，切实实现村民增收致富。水蛟村庭院经济协会以产业融合、产业升级、产业发展为基础，以促进水蛟村建立完善的庭院经济体系为理念，以寻找乡村振兴的增长点，提高村民及村集体收入为目标，为水蛟村全域旅游、乡村振兴提供了一个多元化的发展平台。

如今，已至少有93户村民报名加入庭院经济协会。目前该协会会员中有16户已经营业，24户正在升级改造，其余的均在紧锣密鼓地谋划中。此外，水蛟村庭院经济协会制定了庭院经济发展细则，进一步规范庭院经济的有序发展，避免同质化竞争。

宠物驿站（水蛟村村委会供图）

天涯区行业指导部门也出台了关于庭院经济发展的标准及奖励办法，以期进一步促进水蛟村庭院经济走上持续健康发展的快车道。

水蛟村庭院经济协会及党支部的成立进一步加强了基层党组织与社会组织的有机融合，进而调动农户参与乡村振兴的积极性、主动性和创造性，扎实盘活村民房前屋后的闲置资源，共同打造庭院经济集群，共建和美乡村。在各级党组织尤其是村党委的领导下，水蛟村庭院经济协会经常对意向村民的院落进行摸底调研，后续根据各家庭院的摸底情况，一方面为其经营方向提供指导意见；另一方面搭建平台，引入外部的资金和人才进村开展庭院建设。

如今，水蛟村庭院经济协会每月主持开展一次庭院经济沙龙会，邀请政府相关行业主管部门负责人、返乡大学生、"候鸟"人才及关心支持水蛟村发展的人员参加沙龙会，开展思想交流，对水蛟村庭院经济发展提出具有建设性的意见。以庭院经济协会为平台，收集整理全村各个庭院的基本情况，"因院制宜"，把村民庭院资产变为合作资源，良性引入社会资本，打造一户一院特色，进一步发展壮大水蛟村庭院经济。同时，为了打造更加符合当前需求的庭院经济，庭院经济协会成员积极外出学习，开拓眼界，前往成都、重庆、北京等地学习借鉴有益经验，以更好的理念打造水蛟村庭院经济品牌。

此外，在三亚市和天涯区两级党委及政府的指导和帮扶下，水蛟村村委会整合庭院经济协会等力量，深挖潜力，努力探索创造共建共富的产业模式。水蛟村已经成功探索了"科研单位＋公司"模式，引进三亚田舒乐农业科技有限公司，在三亚市林科院内建设田舒乐共享农庄，唤醒"沉睡的科研基地"，拓宽兰花基地的研学参观功能，建设研学基地。水蛟村还与三亚市热带农业科学技术研究院合作，将科研技术力量转化成示范基地独具特色的农事体验产品，增强创收功能。此外，水蛟村村委会还探索"村集体＋国企＋公司"模式，将闲置的农田、宅基地、农房或村小组活动室等资产整合到村委会平台，再与企业合作建设民宿、经营场所等，壮大村集体经济。

半日闲谈小院（水蛟村村委会供图）

当今庭院经济已经成为水蛟村经济发展的重要模式，不仅是赋能乡村振兴的发展动力，也是改善农村人居环境的内驱动力。在一个个"红先锋"的引领示范下，综合发挥上级党组织的指导力、村党组织的引领力以及庭院经济协会中党组织的超强整合力，水蛟村的庭院经济蹄疾步稳地走上了越来越宽广的和美致富之路。

三、优服务：
江东新区管理局里的"指导员"

处在自由贸易港建设时代的海南，新的经济组织、新的社会组织以及新的就业群体发展势头更为迅猛。如何持续加强这些领域党的建设工作是一个重大课题。

近年来，海口江东新区管理局党委在新兴领域党的建设方面取得了明显成效。江东新区作为新开发园区，非公组织尤其是非公企业数量快速增长，发展质量参差不齐，初期园区党建基础非常薄弱，非公组织的党建工作普遍滞后，存在党组织组建难、党建工作不规范、缺少党务工作者等诸多棘手问题。这些问题导致非公组织党建工作的覆盖面不够广、党组织的作用发挥不够充分。

为了能够切实解决非公组织尤其是非公企业党建中的"老大难"问题，近年来，江东新区管理局党委在充分调研的基础上，决定探索建立党建工作指导员制度和非公组织党组织书记"执证上岗"制度，为助力扩大党组织和党的工作在非公组织的覆盖面，增强党在非公组织中的影响力和凝聚力创造有利条件。

潮起海之南

海口江东新区栋栋高楼雨后春笋般拔节生长，园区面貌日新月异（海南省图片社供图）

党建工作的贴心"指导员"

无论从党中央政治任务要求的高度，还是从非公组织自身长远发展需求的角度来看，都有"一万个理由"切实做好党建党务工作。但现实中，非公组织领域党建党务工作开展所面临的种种"拦路虎"也是显而易见的。比如，熟悉党建党务知识、富有工作热情、能够吃苦耐劳的党建党务工作者十分缺乏就是一个难题。有鉴于此，为更及时有效地指导和帮助非公组织尤其是非公企业更好开展党建党务工作，江东新区管理局党委决定通过"双向努力"的方式来有效纾解这一难题。

从"外向"注入指导力，即探索成立党建工作指导员制度，为有针对性地解决非公企业党建难题，充分发挥指导协调、咨询服务的作用提供支持。这种

第六章　党建引领琼岛蝶变——红色之岛

常态化、及时有效的制度设置和贯彻，为助力园区非公企业党建工作的蝶变提供了及时有力的保障，得到了园区非公企业的好评和点赞。

党建工作指导员具备党建党务工作的几大优势。一是专业及经验优势。利用专业知识和党建工作经验，引导非公企业正确理解和贯彻执行党的决策部署。针对非公企业的实际情况，提出有针对性的党建工作方案和建议。二是助推发展优势。帮助非公企业党组织建立健全工作机制，提升党组织在企业生产经营中的话语权，推动党建工作与企业经营发展深度融合、互促共进。三是资源整合优势。通过党建搭平台，强化政企互动、产业协同、企企互助，帮助企业实现持续健康发展。

正如海口江东新区管理局党群工作部的王部长所言，"党建工作指导员制度的建立，旨在通过加强党建工作指导员队伍建设，充分发挥其服务作用及链接优势，为企业提供全链条党建服务，通过党建搭平台，拓展企业外部关系，强化同行合作共建，帮助企业实现健康快速发展"。

近年来，海口江东新区管理局党委以楼宇党建为载体，指导园区非公企业党支部以业务为导向，及时了解企业在发展过程中遇到的卡点、堵点问题，通过党建搭平台，联合管理局机关党支部共同解决企业境外服务贸易大额资金汇进、自由贸易港政策运用等方面的问题，阶段性实现了赋能楼宇经济高质量发展的目标。

比如，引领海南极兔供应链有限公司在赴境外上市等方面取得突破性进展，协助企业完成跨境服务贸易额约 1000 万元，极兔速递于 2023 年 10 月 27 日在港交所主板上市。再如，助力中州航空成功"零关税"引入第 2 架 B777F 宽体全货机，货值约 7.18 亿元，减免税款约 1.01 亿元，创下海南交通工具及游艇"零关税"政策项下单票享惠数额新高。

截至 2024 年 4 月，在党建工作指导员制度的助力下，园区楼宇党建交出了一份满意的成绩单：企业港办公楼宇招商率达 86%，吸引 300 余家企业入驻，

2023年企业港完成营收251亿元，税收7.1亿元；海南能源交易大厦已招引入驻企业187家，能源交易平台已有入市会员945家、注册会员913家，平台交易额已累计突破1.4万亿元。

总体上看，近年来，通过党建工作指导员制度的贯彻落实，园区非公企业党建发生了种种华丽蝶变。截至目前，共建立"两新组织"党组织27个，其中企业党委1个、党支部21个，功能型党组织5个，"两新组织"党组织覆盖率提升到95%以上。以扩大党建服务为基石，创新组织设置，设立企业港联合党委、海南国际能源交易平台党建共同体、驻贸易之窗飞地党建联盟等，不断延伸党建服务触角。不断壮大企业港联合党委成员队伍，积极吸收校企党组织，搭建校企、企企沟通合作平台，截至目前，企业港联合党委成员单位已发展至12家，并通过"轮流坐班"的方式，调动各成员党组织积极开展党建联建活动，推动打造高质量发展的企业社区生态圈。高标准打造海南国际能源交易平台党建共同体，通过党建组织链与会员企业链的交融互动，帮助平台运营主体做大，引导平台会员企业做强，推动园区贸易产业集聚发展。创新"党建服务开放日"党建活动品牌，联动市委深改办、海口市公安局美兰分局等单位开展"党建引领自由贸易港政策入区入企""人才政策专场"等，进一步扩大党建共同体的影响力、号召力。

以示范引领为抓手，探索党建融入公司治理体系的有效路径，帮助中州航空党委建立健全党组织参与企业决策的保障机制，指导其制定印发《中共中州航空有限责任公司委员会议事规则及程序》，帮助企业党组织更好融入公司治理发展。目前，中州航空党委班子按照"双向进入、交叉任职"的原则，将飞行、维修、运控、人事、安全等业务分管领导纳为党委班子成员，实现党的组织与企业架构"无缝衔接"。正如中州航空党委班子成员们一致反映的，"公司党委的成立，为更好发挥党建引领公司业务高质量发展，尤其是为有效发挥党员职工的先锋模范作用创造了有利的组织条件"。

第六章 党建引领琼岛蝶变——红色之岛

"持证上岗"：党组织书记的能力加持

江东新区管理局党委通过"双向努力"纾解非公组织尤其是非公企业党建"老大难"问题的行动中，还尝试通过探索实施"持证上岗制度"这种"内向"提升引领力的方式，为切实增强非公企业党建的内生动力争创有利条件。具体而言，就是从非公企业内部培养造就一批合格乃至优秀的党建党务工作的"头雁队伍"。为了达致这一宏伟目标，江东新区管理局"两新组织"工委已制定印发《海口江东新区"两新组织"党组织书记持证上岗管理办法（试行）》，并举办专题培训班，组织专门测试。

近年来，江东新区管理局"两新"工委所属基层党组织书记均已通过理论测试，并取得"任职资格证书"，实现非公组织党组织书记"持证上岗"全覆盖，进一步促进了党组织书记队伍更加合理、能力更快提高、作用更好发挥。这种"任职先认证、持证再上岗"的管理模式的关键环节和主要流程如下。

打造衡量党组织书记素质能力的"标准尺"是重要前提。据江东新区管理局党委反映，局党委严格按照守信念、讲奉献、重品行、懂经营、会管理、善协调，热爱党务工作和熟悉群众工作的标准，选优配强非公组织党组织书记。注重从生产、经营、管理骨干中推荐人选，鼓励是党员的非公企业出资人、社会组织负责人担任党组织书记，坚持企业员工认可、上级党组织审核、属地管理相结合的原则，采取"组织申报+资格审查"的方式，将党组织书记基本情况、政治及工作表现等纳入审查范围，严格把好基层党支部书记"政治关""素质关""业务关"，切实增强非公组织党组织的凝聚力、号召力、战斗力。

把好党组织书记持证上岗"任用关"是关键环节。坚持把解决思想问题和能力问题放在首位，注重培训教育、传授方法，通过自主培训学习、开办党务工作者能力提升培训班、组织理论测试等一系列重要举措，全面规范非公组织党组织书记岗位管理。通过制度规范,把理论测试成绩与党组织书记任职资格挂钩,成绩合格者方可取得由管理局"两新"工委颁发的"两新组织"党组织书记任职资格证书,同时报管理局"两新"工委研究同意后,基层组织方可召开党员大会进行选举,实行"任职先认证、持证再上岗"的管理模式,构建起非公组织党组织书记"选育管用"全链条。目前 22 名非公组织党组织书记均已通过培训,实现"持证上岗"。

激活党组织书记履职担当的"动力源"是核心举措。对非公组织党组织书记实行"监督考评 + 动态管理",采取党组织书记述职评议和实地考核相结合的方式,重点考核非公组织党组织书记开展"三会一课"、主题党日、民主评议党员、组织生活会、党员教育管理等情况,以工作实绩检验党建工作成效,充分调动党组织书记的积极性,激励党组织书记做实基础、做细机制、做新方法、做活载体。同时建立非公组织党组织书记任职档案库,对年度考核评价结果为"差"、履职不力的党组织书记,采取注销任职资格的措施,进一步压实主体责任。

正如江东新区管理局党委所反映的,近年来,非公组织党组织书记"持证上岗"制度建设取得阶段性成效,这为有效促进江东新区非公组织党建工作发生种种精彩蝶变提供了强劲助力。

非公组织党组织书记队伍配置更加合理,基本实现党建提质和业务发展互促共赢。正如一名经过"持证上岗"制度执行全流程的非公组织党组织书记所言,"感谢组织的培养与肯定,有了这张'准入证',终于有机会'持证上岗'了!自己对开展好党建党务和业务融合发展工作的责任心和自信心也切实增强了"。

非公组织党组织书记能力更快提高。正如党建工作指导员小王同志所言:"非公组织党建做得好不好,党组织书记的能力素质十分关键。创新推行非公组织党组织书记'持证上岗'管理办法,通过培训、考核和资格认定的方式,目的就是促使非公组织党组织书记不断加强学习，并把所学的知识运用到实际工作中去，不断提高业务素质，增强执岗能力，实现党建工作与业务发展的同频共振、互促共赢。"

非公组织党组织书记作用更好发挥。突出以党组织书记作用发挥为核心，以业务健康发展为重点，通过"持证上岗"、监督考评、动态管理等系列举措，更好地发挥非公组织党组织书记带头人作用。中州航空有限责任公司的党委书记赵宏伟同志曾经激动地说道："'持证上岗'证书不仅代表着组织的一份认可，更是一份责任。通过系统学习和严格考核，帮助我们厘清了党务工作的基本流程，进一步夯实了理论功底、开阔了视野，对于我们党务工作者提高业务工作能力和整体素质，开展好党建工作起到了实质性的促进作用。目前中州党委下辖的 8 个党支部书记也都通过了考试，实现党组织书记全员'持证上岗'。"

潮起海之南

四、送温暖："候鸟"群体中的"夕阳红"

候鸟最初的含义是指随季节变更而迁徙的鸟类，如大雁、燕子等。本书所说的"候鸟"，是指随季节变化而阶段性迁徙的人群。他们像候鸟一样，每年秋冬北方天冷时，就迁徙到温暖的南方过冬。春暖花开的时候再回到北方。人们把这些季节性迁徙的人群形象地称为"候鸟"。"候鸟"居住小区也已遍布海南全岛。如何让广大"候鸟"尤其是"候鸟"党员在海南这个"远方的家"有更多的获得感、更强的归属感，是海南各级党组织需要因应的一个重大课题。儋州市滨海新区"候鸟"人才工作站近年来在"候鸟"党建工作方面进行了有益探索，取得了新进展。

"候鸟"人才工作站："候鸟"远方温馨的家

考虑到"候鸟"群体党建工作相对薄弱的问题，早在 2019 年 2 月 21 日，海南省就印发《海南省"候鸟"人才工作站管理实施办法（试行）》（以下简称《办法（试行）》），以推动"候鸟"人才工作站的有效建设和规范管理。该《办法（试行）》对"候鸟"人才工作站的基本职能定位中就有组织"候鸟"人才中的党员亮身份，参加所在地党组织生活，发挥先锋模范作用等。

第六章　党建引领琼岛蝶变——红色之岛

"候鸟"党员"双找"活动（儋州市滨海新区"候鸟"人才工作站供图）

儋州市滨海新区"候鸟"人才工作站就是在这一政策背景下成立的。近年来，儋州市滨海新区"候鸟"人才工作站积极按照上级要求，多次开展"候鸟"党员找组织活动，即让"候鸟"党员有组织、有平台、有作为系列活动。

在"候鸟"人才工作站切实工作的感召下，"候鸟"党员纷纷前来登记报到，加入滨海新区"候鸟"党员队伍。据"候鸟"人才工作站的同志介绍，通过组织找党员，党员找组织的"双找"方式，将儋州市滨海新区的"候鸟"党员们有效集聚起来，参加组织生活、发挥党员先锋模范作用，让"候鸟"党员在儋州市滨海新区找到组织、阵地和归属感，打造他们"远方温馨的家"。

比如，在2023年10月举办的"候鸟"党员找组织活动中，"候鸟"党员郝妙英表示，"我在中秋节、国庆节以后就来到海花岛了，一直会待到明年的四五月才回去。当我看到这个活动，很高兴，就来找组织，想尽自己的能力做点什么"。

185

潮起海之南

"候鸟"党员宣誓（儋州市滨海新区"候鸟"人才工作站供图）

2023年11月10日下午，儋州市滨海新区"候鸟"人才党支部在白马井镇政府报告厅召开党员大会，来自滨海新区10个物业小区的26名"候鸟"党员佩戴党徽参加了会议。白马井镇党委组织委员李贤秋参加大会，"候鸟"党员戈同义同志主持会议。大会按照差额选举办法和无记名投票方式，选举产生了中国共产党儋州市滨海新区候鸟人才支部委员会第一届党支部班子。

新当选的支部书记羽毅勃激动地表示："成立滨海新区'候鸟'人才党支部充分体现了白马井镇党委对'候鸟'人才的高度重视，是对基层党组织建设工作的不断创新。"儋州市滨海新区"候鸟"人才党支部作为"候鸟"党员的主阵地，负责滨海新区"候鸟"党员的教育管理服务工作，进一步突出政治建设，丰富滨海新区"候鸟"党员的组织生活，增强"候鸟"党建品牌的影响力和凝

第六章　党建引领琼岛蝶变——红色之岛

聚力，引领滨海新区"候鸟"人才发挥余热，为推动儋州洋浦一体化和白马井镇现代化事业高质量发展贡献力量。党支部成立后，积极推进各小区党小组的成立，让"候鸟"党员尽快"回家"，积极营造了"候鸟"党建的浓厚氛围。

"候鸟"群体中的亮丽"夕阳红"

在儋州市滨海新区"候鸟"群体中始终有这样一些党员，他们在"远方的家"充分发挥自己的智慧才干，为助力中国式现代化的地方实践贡献余热，成为千千万万个"候鸟"中的亮丽"夕阳红"。"候鸟"党员、特邀调解员徐秀杰的感人事迹就为我们提供了一个很好的认识窗口。

"候鸟"调解员在调解现场（儋州市滨海新区"候鸟"人才工作站供图）

为进一步提升诉源治理工作成效，儋州法院白马井法庭挂牌成立了《儋州法院白马井"候鸟"特邀调解员工作站》，依靠当地党委领导、政府支持，通过当地党委政府推荐、法院发布招聘信息等方式，引进了一批高水平"候鸟"退休干部人才担任法庭特邀调解员，来自东北的退休法官徐秀杰便是其中的一员。徐秀杰法官从事审判、执行工作30多年，积累了丰富的民商事纠纷调解经验。她被人们亲切地称为"退休不褪色"的人民法官。

"我在外地工作，你们法院能不辞辛苦跑到海口，解决了困扰我们已久的烦心事，使我们免于奔波打官司，为调解员秀杰点赞！"面对当事人刘某的肯定，特邀调解员徐秀杰脸上露出了欣慰的笑容。原告刘某因与白马井某房地产公司商品房销售合同纠纷一案，诉至法院，以被告延迟交房违反合同约定为由起诉退房并要求返还购房款147万元，但被告以疫情等不可抗力为由，坚决不同意退房。

刘某提交诉状之后，儋州市人民法院白马井法庭按照诉前调解的相关规定，将该案交由特邀调解员徐秀杰开展起诉前的调解工作。徐秀杰接手案件后，认真分析研判双方争议焦点，反复多次与双方当事人通过电话、微信、当面沟通，并亲自赴海口约见被告法定代表人商谈调解事宜，最终促成一宗147万元的退房纠纷得以顺利化解，被告同意分期分批退还购房款，并同意与原告一起到不动产登记中心办理撤销备案登记手续，纠纷得以在诉前顺利化解。

2023年11月，徐秀杰通过"候鸟"人才引进的方式到白马井法庭，受聘为特邀调解员，同事们都热情地叫她"徐大姐"。截至目前，徐秀杰已成功调解各类民商事纠纷案件达90余件，涉案标的300余万元。徐秀杰虽然退休，但身体仍然硬朗。虽然离岗，但工作仍然雷厉风行。她每天驻庭工作，按时上班，加班加点、全身心投入诉前调解工作中，每调解成功一宗案件，她都付出了辛勤的汗水。她以孜孜不倦的拼搏精神、不解决问题不罢休的工作作风，充分彰显了一名共产党员全心全意为人民群众排忧解难的政治底色，诠释了一名老法官高度的敬业精神和忠诚的信仰坚守。

她曾经深切地说，"在法庭工作期间，我似乎又找到当初没有退休时在岗工作的感觉，是兴奋。除了兴奋，还突然感觉自己没有老，心态年轻了，总有使不完的劲儿。更重要的是，在团队里得到领导同事们对我一名'候鸟'的信任，让我真正体会到生活在'第二故乡'的心情舒畅，不孤独寂寞，这是一种'此心安处是吾乡'的实实在在的归属感"。

更令人称道的是，在她"以才引才"的宣传感召与示范带动下，截至目前，至少已陆续有来自全国各地的 9 名公检法、金融、教育系统、人社口的"候鸟"积极报名投入到特邀调解员工作中来，充实了法庭调解力量，最大限度将纠纷化于萌芽，止于未诉，2023 年已成功调解各类诉前纠纷共计 600 余件，打造了环新英湾区发扬新时代"枫桥经验"的生动实践。

提及为海南自由贸易港基层矛盾调解所做的贡献，徐秀杰法官表现得很谦逊，并且不无动情地说道："我想这只是我们'候鸟'人才发挥余热的开始，未来日子里我们'候鸟'人才还要紧紧依靠镇党委政府支持，在滨海新区'候鸟'人才工作站的牵线搭桥下，无论是法律还是教育医疗，甚至文化艺术等各领域的'候鸟'人才都能实现与用人单位的'双向奔赴'，发挥余热，耀眼夕阳。"

正是在海南全省众多"候鸟"人才工作站与千千万万个"候鸟"党员的"双向奔赴"中，"候鸟"群体的党建工作真切发生了精彩的蝶变，为书写中国式现代化的精彩海南故事提供了源源不断的智慧和力量！

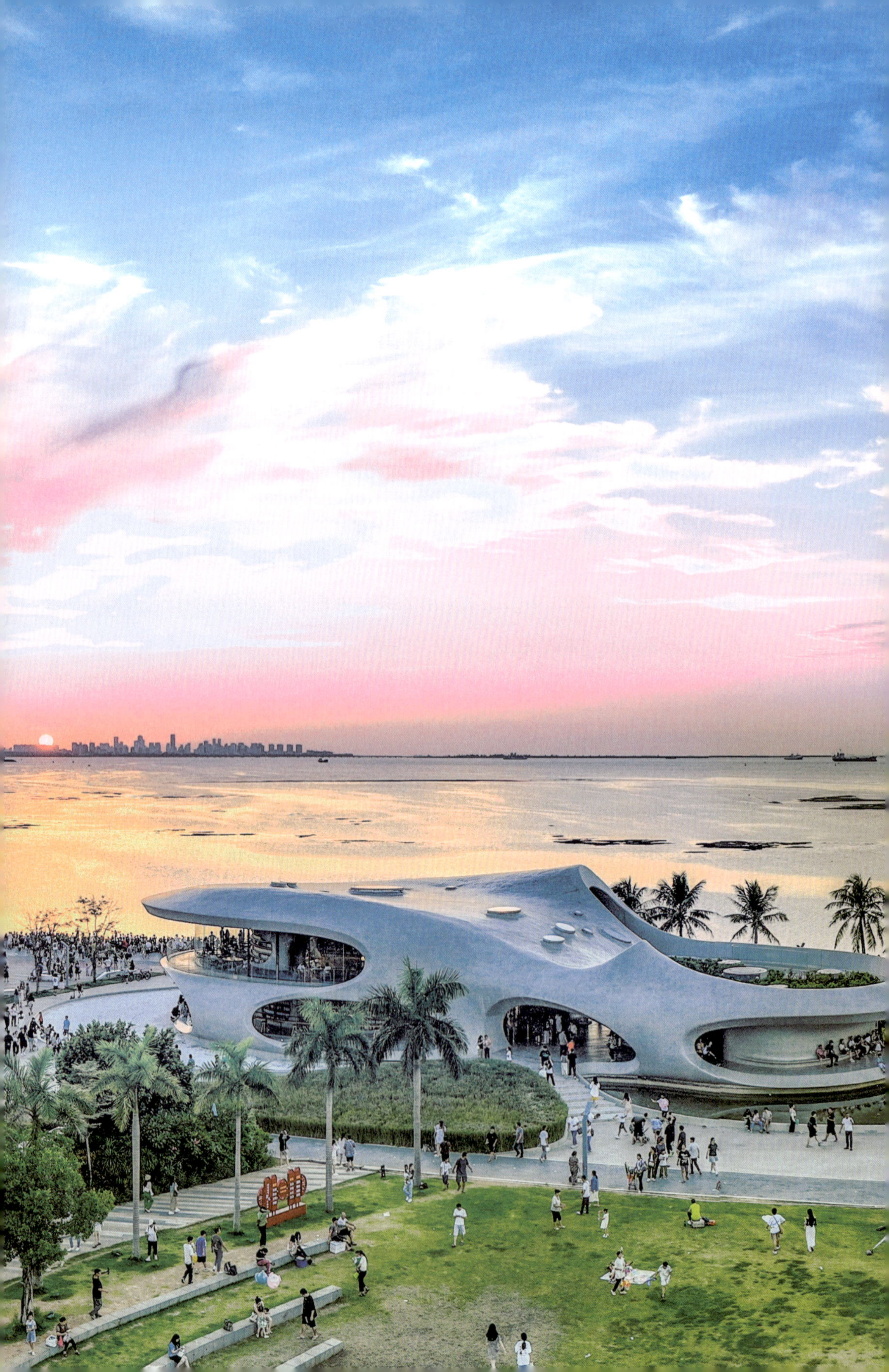

后　记

承蒙国家行政学院出版社的厚爱，我们荣幸地承担了"中国式现代化的故事"丛书的海南卷编写任务，通过《潮起海之南——中国式现代化的海南故事》一书，我们期望国内外读者了解海南在中国式现代化建设中所取得的成就与经验。

从2024年2月到12月，课题组全体同志带着"讲好海南故事"的使命，在校（院）领导的指导下，在确定书稿结构、章节提纲、查阅资料、实地调研、撰写初稿、征求意见、反复修改、配置图片等各个环节，都全身心投入，不辞辛劳，按时保质地完成。

全书内容包括序言、六章和后记等，具体分工如下：序言和后记由陈恩撰写，第一章由姜维撰写，第二章由郑彬睿撰写，第三章由娄瑞雪撰写，第四章由吴园英撰写，第五章由李丽撰写，第六章由武良刚撰写；陈恩负责全书统稿和配图。本书所用图片由海南省图片社及相关单位提供。本书所引用数据均来自公开出版物和相关单位。本书出版得到了海南省党建引领自贸港建设研究基地的资助。

在本书编写过程中，常务副校长王绍文自始至终关心本书的推进，江彩云副校（院）长指导本书提纲完善和初稿修改，刘利波副校（院）长经常关心本书进展，毕普云副校（院）长对书稿提出了具体修改意见。科研处从课题立项、研讨会举行、编写进展等各个环节都非常支持，科研处杨琴女士为本书出版付出很多努力。本书在调研过程中得到了社会各界领导、同事、朋友的鼎力支持，特别是国家行政学院出版社编辑们给予的悉心指导与后期的认真编辑加工，在此一并感谢。

编者

2025 年 1 月